Villen am Gardasee

i piccoli
di arsenale

Francesco Monicelli

Villen am Gardasee

arsenale editrice

Francesco Monicelli
VILLEN AM GARDASEE

Fotografien von
Giorgio Ruzzene

Layout
Stefano Grandi

Gesamtherstellung
EBS Editoriale Bortolazzi-Stei
Verona

Erste Ausgabe
Febbraio 1999

Arsenale Editrice srl
San Polo 1789
I - 30125 Venezia
Italia

ISBN 88-7743-199-8

Inhalt

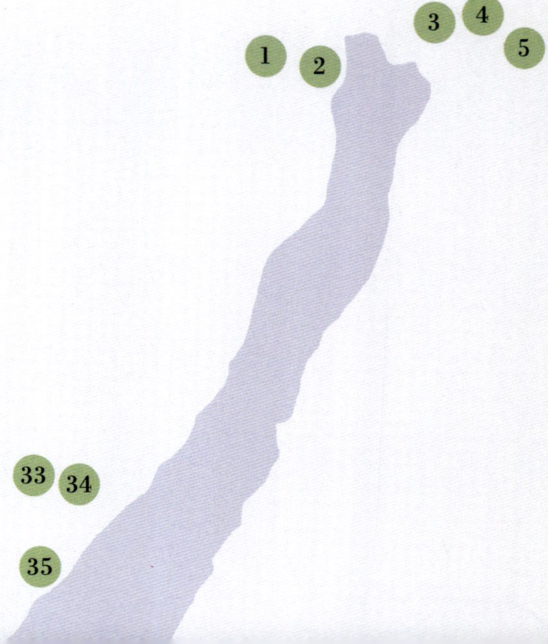
1
2
3
4
5
33
34
35

30
26
27
28
29
6
12
23
24
25
7
8
22
11
9
10
20
15
17
18
21
19
14
16
13
Nord

Kennst du das Land, wo die Zitronen blühn,
Im dunklen Laub die Gold-Orangen güihn,
Ein sanfter Wind vom biauen Himmel weht,
Die Myrte still und hoch der Lorbeer steht,
Kenest du es wobl7
Dabin! Dabin!
Möcht ich mit dir, o mein Geliebter, ziehn.

Aus *Wilhelm Meisters Wanderjabre* von J. W. von Goethe

Wo lag der Ort, nach dem sich Mignon in ihrer von schmerzlichem Verlangen erfüllten Erinnerung an Italien so sehr sehnte? Wo das Land, in dem die Zitronen blühn? Dem der den bleiernen Norden der Sturm- und Drangzeit hinter sich gelassen und die Tiroler Berge überquert hatte und schtießlich ins Sarcatal und somit an den nördlichen Teil des Sees gelangt war, mußte der Zusammenprall mit einem schon mediterranen Flair wie ein Traum erscheinen.
Die Reise, die auf diesen Seiten beschrieben wird, ist also eine Wiederholung der »Italienreise« obgleich sie sich auf den Gardasee beschränkt. Er bildet die erste »mediterrane Einheit« jenseits der Alpen, die von einer typisch italienischen Erscheinung umgeben ist der als Landsitz verstandenen Villa, Ort der Erholung und des Verweilens, Zeugnis des herrschaftlichen Lebens vergangener Zeiten; die Villa als Präsenz der Aristokratie auf dem Lande, Symbol der Verstädterung der Region und treibende Kraft für die ländliche Umgebung der Stadt; als architektonische Entwicklung von wesentlicher, die Landschaft charakterisierender Bedeutung. Villen und herrschaftliche Landsitze hat es am Gardasee schon zur Zeit der Römer gegeben, aber erst heute treten drei verschiedene Richtungen in der architektonischen Gestaltng dieser Villen deutlich hervor, und diese Richtungen lassen sich anhand der Verwaltungsbezirke unterscheiden, in die der See unterteilt ist: Trient, Brescia und Verona, die drei Regionen, die in ihrer Geschichte, Wirtschaft und Kultur ihre eigenen, deutlich voneinander unterscheidbaren Merkmale aufweisen, die sich auch in Bau und Funktion der Villen widerspiegeln.

Teilansicht von Garda mit der Burg Rocca (Foto: Lotze)

Vorherdehende Seite:
Lazise: La Pergolana (Foto: Lotze)

Das Trientiner Ufer

In der Italienischen Reise bedeutete die Rast in Torbole und in Riva wohl die erste Etappe an einem Ort mit typisch italienischer und somit mediterraner Kultur und Atmosphäre, obgleich diese Orte innerhalb der politischen Grenzen des Heiligen Römischen Reiches Deutscher Nation lagen. So empfand es Johann Wolfgang von Goethe im September 1786 oder viel später ein anderer beruhmter Reisender, David Herbert Lawrence, der es jedoch vorzog, für einen längeren Aufenthalt bis nach Gargnano hinabzufahren. Die Ankunft am Gardasee bedeutete oft den Höhepunkt der Reise, denn bis zum Ende des Ersten Weltkrieges waren Riva, Torbole, Arco und Nago (auf einem Hohenzug, der das Etschatal vom Gardasee trennt) die südlichsten Orte der Donaumonarchie und wurden wegen ihres beinahe schon mediterranen Klimas besonders geschätzt.
Nach seinen häufigen Ferien- und Kuraufenthalten wählte Franz Kafka Riva als Schauplatz für seine Erzahlung *Der Jäger Gracchus*. An den nördlichen Teil des Sees ganz besonders hingezogen fuhlten sich auch Rainer Maria Rilke, Thomas und Heinrich Mann, Max und Otto Brod oder Gustav Klimt, vor allem, als in Riva auf dem Höhepunkt der Belle Epoque das Sanatorium des Arztes Christoph von Hartungen, eines Wiener Homoöpathen und Vertreters der präventiven Naturheilkunde, in Mode kam.
Riva als Touristenzentrum und Arco als Kurort wurden in der zweiten Hälfte des vorigen Jahrhunderts bis zum Zerfall von Österreich-Ungarn einer städtebaulichen Neugestaltung unterzogen. Sie hatte ihre Ursache in einem bemerkenswerten wirtschaftlichen Aufschwung, der leider jeden Glanz verlor, als die Investitionen aus dem Norden und der Touristenstrom aus den mitteleuorpäischen Ländern angesichts der geänderten gesellschaftlichen Situation jäh versiegten. In Riva, der am nördlichten Zipfel des Gardasees gelegenen alten Hafenstadt, hatte es schon lange einen Mittelstand aus Kaufleuten gegeben, die sich zunehmend mit der Landwirt-

schaft befaßten, indem sie die Erträge aus ihrer Kaufmannstätigkeit in die Landwirtschaft auf dem Ackerboden der Schwemmlandebene der Sarca investierten. Die Tatsache, daß es in Riva keine Feudalfamilie wie in Arco gab, beeinflußte die wirtschaftliche und kulturelle Entwicklung der Stadt. Das Castello Nuovo, besser bekannt als die Burg Rocca, ist der Kern der Verteidigungsanlage, von der aus die gesamte von einer zinnengekrönten Mauer umgebene städtische Ansiedlung überblickt werden konnte; es verdankt seine gegenwärtige Anlage den Renovierungsarbeiten, die Cangrande della Scala, eine zentrale Figur der Scaliger, im zweiten Jahrzehnt des 14. Jahrhunderts in Auftrag gegeben hatte und die um 1480 von den Venezianern fortgesetzt wurden, und schließlich der grundlegenden Umge-

Die Burg Rocca in Riva

Vorhergehende Seite: Die Burg von Arco, die 1703 während

staltung, die es 1852 erfuhr, als österreichische Militäringenieure aus dem Kastell eine Kaserne machten. Doch erst als Riva endgültig Teil der Gebiete war, die der Herrschaft des Fürstbischofs von Trient unterstanden (1509), wurde die Rocca einer Reihe von Umbauarbeiten und Verschönerungsmaßnahmen unterzogen, die vom Fürsten und Kardinal Bernardo Cles in Auftrag gegegeben worden waren. Diese Arbeiten umfaßten die Modernisierung und Ausstattung einer Wohnung für den Fürsten im herrschaftlichen Flügel der Festul den Bau einer mit einem neuen Altarbild ausgestatteten Kapelle und die Verzierung der Hoffas de mit einem gemalten Fries.

Die – zwar nicht kontinuierliche – Anwesenheit des bischoflichen Hofes in Riva mit Cles und später mit seinen Nachfolgern aus der Familie Madruzzo sowie vieler anderer berühmter Gäste während der Sitzungspausen der Konzile von Trient ließ das für die Renaissance charakteristisc Interesse an den Künsten und am bürgerlichen Leben neu erwachen. Die wohlhabenden Famili Rivas hatten ihre Herrenhäuser immer noch innerhalb der Stadtmauern, doch restaurierten u erbauten sie Palazzi vor allem an der Seeseite, was den Nebeneffekt hatte, daß sie diese auch Warenlager für den Seehandel nutzen konnten.

Es gibt nur wenige Beispiele von Siedlungen außerhalb der größeren Ortschaften. Die Siedlu »Colombera« von Albola in der Nähe des Flusses Alboletta, die mit Fresken aus dem Jahre 1540 verziert ist, und ei ne andere in Sant'Alessandro, mit einem Renaissanceportal geschmückt, gehören zu den wenigen außerhalb der Stadtmauern erbauten und bis in unsere Tage erhalten gebliebenen Landsitzen.

Der »Colombera«-Typus, der sich zwischen dem veronesischen und dem brescianischen Vil typus bewegt, leitet sich von der Nutzung bereits vorhandener Wachttürme ab und breitete im Veneto immer weiter aus; ab dem 15. Jahrhundert wird der Übergang von archaischen St turen zu neuen Villensiedlungen deutlich.

Mit großer Wahrscheinlichkeit war auch der Kern der Villa Abbondi vor der Porta S. Michele eine »Colombera« aus dem Jahre 1487, wie es in Archivunterlagen nachzulesen ist. Sie wurde Giovanni Abbondi erbaut; er gehörte einer der angesehensten Familien an, deren Mitglieder 1300 an bedeutende öffentliche Ämter in Riva bekleideten, aber erst 1558 in den Adelsstand

hoben wurden. Die bekannteste Persönlichkeit aus dieser Familie war Antonio Abbondi, Münzpräger am Hofe in Wien und in Prag.
Die Villa der Familie Abbondi, oberhalb der Straße von Riva nach Arco gelegen, ist wohl ein Beispiel mit weitreichender Wirkung. Das Äußere der Villa, wie es sich heute präsentiert, mit dem Mittelteil der Hauptfassade, der gegenüber den beiden Baukörpern der Seitengebäude zurückweicht und in der Mitte von einem mit Rustikaquadern versehenen Eingangsportal und eir darüberliegenden Balkon mit Balustraden und Fresken betont wird, entstand jedoch erst im Laufe des 18. Jahrhunderts. Damals wurden viele Palazzi in Riva restauriert, zum Beispiel der Palazzo Lutti Salvadori, der Palazzo Ménghin in der Via Andrea Maffei und der Palazzo der Grafen Martini, deren ursprüngliche Gestaltung heute nicht mehr erkennbar ist. Im Laufe des 18. Jahrhunderts entstehen ebenfalls einige Häuser

Arco: Villa Crosina Ende des 19. Jahrhunderts

außerhalb der Stadtmauern. Sie waren manchmal, gleich der Villa Abbondi, das Ergebnis von Umbau- und Erweiterungsmaßnahmen an bereits vorhandenen Landsitzen, wie die ehemalige Villa Baruffaldi in Monte Brione oder das sogenannte Maso del Prete in Varone, mit seinem schönen Eingangsportal in den Hof, oder die Casa Modl in S. Nazzaro und vielleicht die nahegelegene Casa Salvadori mit ihrem schönen dreibogigen Fenster, die jetzt jedoch unbewohnt ist. Nicht zu vergessen die vom Ende des Jahrhunderts stammende Villa Bozzoni in Varone, die jetzt auf dem Gelände der Papierfabrik Cartiere Fedrigoni liegt und zu der eine 1859 erbaute Kapelle gehört. Ein überaus interessantes Beispiel für höfische Villen, mit einer Familienkapelle und einem terrassenformig angelegten und mit Statuen geschmückten Garten, ist die ehemalige Villa der Barone Fiorio di San Cassiano später Risatti, in der Ortschaft S. Giacomo.
Und in diesem kulturellen Klima beauftragte Vincenzo de Lutti den aus Vicenza stammenden Architekten Antonio Caregaro Negrin mit der Restauri erung der Villen der weitverzweigten Familie in Campo Lomaso (1856) in Judikarien (dem Gebiet sarcaaufwarts) und in Sant'Alessandro (1858) bei Riva. Die Villa in Sant'Alessandro, die die Landschaft überragt fallt stilistisch unter den für jene Zeit typischen Historismus. Von Caregaro Negrin sind die Kapelle mit achteckigem Grundriß in Form eines griechischen Kreuzes, im byzantinisch-lombardischen Stil, und der pittoreske Landschaftspark. Das Wohngebäude wurde 1872 nach Plänen des Architekten Saverio Tamanini restauriert .
Die funfziger Jahre des 19. Jahrhunderts bedeuteten auch in Riva den Anfang des in die Sommerbadeorte strömenden Tourismus. In der Stadt wurden deshalb Hotels errichtet, um den Wünschen der immer prominenteren Gäste gerecht werden zu können.
Auch außerhalb der Stadtmauern entstanden zahlreiche Wohngebäude, die jedoch nicht den Zweck der Villa als Zentrum des landwirtschaftlichen Grundbesitzes hatten, sondern eher der typisch bürgerlichen Tradition des Ferienhauses entsprachen. Beispiele hierfür sind die verfallene Villa Aranci an der Rovereto-Allee sowie die sogenannte kleine Villa dei Campi mit Aussicht auf den See, die zur Zeit wiederaufgebaut werden.
Die stattlichsten Gebäude im historistischen Stil sind die von Giovanni Zontin geschaffenen »Zwillingsvillen«, heute eine Dependance des Hotel

Liberty, und das hoch über der Landstraße nach Ponale gelegene und wegen seiner architektonischen und dekorativen Eigenheiten interessanteste Bauwerk jener Zeit die Villa Lina. Seit den zwanziger Jahren war in Riva Giancarlo Maroni, ein Architekt aus Vittoriale, sehr aktiv; so erbaute er unter anderem das Elektrizitatswerk von Ponale. Jedoch gibt es in Riva kein Vorstadthaus im engeren Sinne von Maroni. Das Nordufer des Sees und die Ebene von Riva werden vom Sarcatal begrenzt, über dessen rechter Seite die majestatischen Felsen emporragen, auf denen die Überreste des Kastells der Grafen von Arco stehen. Riva und Arco zwei Orte, die so nahe beieinander liegen, aber dennoch in ihrer historischen und kulturellen Vergangenheit so verschieden sind. Auf der einen Seite Riva, die Hafenstadt, die dem Fürstbischof von Trient untersteht und von einem Mittelstand aus Kaufleuten bewohnt wird, die den ständigen Reizen italienischer Kultur sowohl aus der lombardischen als auch aus der veronesischen und der venezianischen Region ausgesetzt sind. Etwas abseits gelegen Arco, ein größerer Ort von mehr ländlicher Struktur, ehemals Feudalgut, der vom 12. Jahrhundert bis ins 19. Jahrhundert, bis zum Ende des Heiligen Römischen Reiches Deutscher Nation 1806, von der Familie Arco beherrscht wurde (die Grafen von Arco verzichteten erst 1824 auf das Privileg, in der »Giudizio Dinastale«, derJustizverwaltung, den Vorsitz zu führen).
Die Burg von Arco verewigt ist, erhebt sich hoch über der Stadt und dem Sarcatal. Während der Restaurierungsarbeiten Ende der achtziger/Anfang der neunziger Jahre (die die Burg seit Jahrzehnten wieder teilweise zugänglich machten) hat man Hinweise darauf gefunden, daß sie nicht nur eine militärische Funktion hatte, sondern auch als Wohnstätte genutzt wurde. Man hat den wunderschönen Bankettsaal wiederentdeckt, seine höfischen Fresken aus dem späten 14. Jahrhundert, mit Edeldamen und Edelmännern, die sich mit Spielen und anderen Vergnügungen die Zeit vertreiben – eines der interessantesten Zeugnisse dieser Art in der ganzen trientinischen Region. Obwohl die Familie Arco darauf bedacht war, ihre Stellung mit standesgemäßen Landhäusern zu unterstreichen, ließen sie keine Häuser vor der Stadt errichten, wenn man die Villa Althamer bei Prabi aus dem 18. Jahrundert einmal ausnimmt. Ein Grund mag gewesen sein, daß sie sich außerhalb der Burgmauern unsicher fühlten und deshalb ihre

Häuser lieber innerhalb des befestigten Ortes errichteten. Nicht weniger als fünf Palazzi der Familie Arco stehen am Hauptplatz der Stadt oder an größeren Straßen, von denen der Palazzo Nicolò d'Arco in der Via Vergolano und der spätere Palazzo Marchetti am gleichnamigen Platz wegen ihrer Außenfresken aus dem 16. Jahrhundert Beachtung verdienen (Marchetti ist heute ein Restaurant). Dort hatten Mitglieder der weitverzweigten Familie ihren Wohnsitz, darunter die Linien von Salzburg, Bayern und Mantua. Als die Grafen Arco ihre Geschäfte in Arco vernachlässigten, wurden die Palazzi von Familien aus dem Mittelstand erworben, die vor allem in freien Berufen und in der kaiserlichen Verwaltung tätig waren.

Arco: Palazzo d'Arco-Marchetti

Die Familien Marchetti, Marcabruni, Althamer und De Negri gehören zu jenen, die zwar auch in die Landwirtschaft investierten, jedoch in der Villa eher den damals so beliebten Sommersitz sahen.
Das einzige interessante Beispiel eines Hauses außerhalb der Stadtmauern ist die Villa, die in der zweiten Hälfte des 18. Jahrhunderts vom gräflichen Kommissar Mattei auf der anderen Seite der Brücke über die Sarca, also auf deren linkem Ufer, erbaut wurde.
Die schwere Wirtschaftskrise, von der fast alle Zentren im Trentino nach der Restauration betroffen waren, wirkte sich auf Arco angesichts der geschwächten Agrarwirtschaft des Landes besonders stark aus.
Als die Lombardei und Venetien nach dem dritten Unabhängigkeitskrieg

Arco: Erzherzogliche Villa

endgültig unter die Herrschaft Italiens kamen, wurde Arco mit Riva zum »südlichen Gärten« Österreichs. Unter Ausnutzung der windgeschützten und sonnigen Lage, des selbst in den Wintermonaten sehr milden und auch im Sommer nicht sehr wechselhaften Klimas und nach dem Vorbild des Tiroler Luftkurortes Meran und des benachbarten Riva (das sich schon ab der Jahrhundertmitte den Sommer zunutze machte), sah auch die Fuhrungsschicht von Arco in ihrer Stadt einen Ort, in dem es sich besonders den Winter über gut leben läßt. 1870 wurde so der Kurort konzipiert, mit der damit zusammenhängendenb städtebaulichen und ästhetischen Neu-

Ansicht von Riva del Garda (Foto: Lotze)

gestaltung, die zum Abbruch der zinnengekrönten Mauer der alten Burg und zur Entstehung der neuen Gartenstadt führte.
Um den historischen Stadtkern entsteht jetzt eine Art Ring aus Luxushotels, Pensionen, Gärten voller exotischer Pflanzen, Kurpromenade, Gebäuden, die dem gesellschaftlichen Leben gewidmet sind, wie Kursaal, Kurhaus, Kurcasino, Kurpavillon, und eine Reihe von Villen für die reichen Touristen aus Mitteleuropa, die die Wintermonate in dem neuentstandenen Kurort verbringen wollen.
Der Anstoß, aus der Stadt einen der damals so beliebten Touristenorte

Riva: Palazzo Ménghin

zu machen, geht auf das Jahr 1872 zurück, als Erzherzog Albert von Habsburg-Lothringen, ein Vetter Kaiser Franz-Josefs, beschloß, in Arco eine erzherzogliche Villa zu bauen. So läßt er nach dem Erwerb der alten Stallungen der Familie Arco und des umliegenden sonnendurchfluteten Landes ein schlichtes, »modernes« Gebäude errichten, dessen besondere Merkmale der Wachtturm und die bereits vorhandenen Gewächshäuser sind. Leider ist dieser Komplex heute unter mehreren Besitzern aufgeteilt und nicht mehr genutzt. Die Aufmerksamkeit des Herzogs richtet sich vor allem auf den

Riva: Wasserkraftwerk in Ponale. *Personifikation des Wassers*

Riva: Villa Lina >

Park, in dem exotische Bäume und Pflanzen wachsen, die zu einer Attraktion des Kurorts werden und von Touristen besichtigt werden dürfen. Im Gefolge Alberts von Österreich, dessen Name in keinem Reiseführer fehlt, wählen andere Erzherzöge aus dem Hause Habsburg-Toskana Arco zu ihrem Wintersitz. Ihre Residenz ist die Villa Carlo in der Ortschaft Pomer, die umgebaut wurde und heute eine Schule beherbergt. Schließlich wird aus Arco ein Ort »à la mode«. Zu den illustren Gästen gehören Maria von Bayern, König Albert von Sachsen, Erbprinz Rudolf, Erzherzog Rainer, Kaiserin Elisabeth, die letzten Könige beider Sizilien. Als Gast des Hotel Arco stirbt Franz 11. von Bourbon dort 1894. Das hereinströmende Kapital ermöglicht zunächst den Bau neuer Gebäude und dann, als man sich der wohltuenden Wirkung des Klimas auf die Tuberkulose bewußt wird und der normale Tourismus zurückzugehen scheint, die Eröffnung von Sanatorien, die für ein anspruchsvolles, aber leidendes Publikum geeignet sind: *der Zauberberg*. Und ab 1891 verbindet die Eisenbahnlinie Mori-Arco-Riva die neuen Touristenzentren mit der Strecke der Süd-Bahn, was der Entwicklung des Tourismus neue Impulse gab.

Nach dem Vorbild der erzherzoglichen Villa entstanden in Arco zahlreiche Residenzen, die, als Ferienhäuser gedacht, mit allem Komfort ausgestattet und von Gärten umgeben waren, die in keiner Weise mit den Gemüse- und Obstgärten der Villen früherer Jahrhunderte verglichen werden konnten. Der Historismus mit seinen Bestrebungen, längst vergangene Baustile wiederzubeleben, führte zu den unterschiedlichsten Gestaltungen. Die schöne evangelische Kirche in Arco, die 1898 nach Plänen des österreichischen Architekten Fricke erbaut wurde, ist hierfür das beste Beispiel. Die Straße, die von Collegiata nach Romarzollo führt, erhielt den Namen „Passeggio delle Ville«, Villenstraße, und an ihr lagen die herrschaftlichen Residenzen von Arco. Zu den vielen erwähnenswerten Beispielen gehören die Villa Wolauf, das heutige Café Italia, die im englischen Stil erbaute Villa Hedwig der Familie Biedermann, später Crosina, und die Villa de Prati, heute d'Argenio, die kürzlich restauriert wurde.

Mit dem Ersten Weltkrieg, dem Ende Österreich-Ungarns und einer ganzen Epoche, wurde das Nordufer des Sees, das nun nicht mehr die Funktion eines kaiserlichen Gartens hatte, unweigerlich zu einem der Touristenzentren im »Land, wo die Zitronen blühn«.

1 – Villa de Lutti

Sant'Alessandro, Riva del Garda

Vincenzo de Lutti, um die Mitte des 19. Jahrhunderts die herausragende Persönlichkeit der Nationalliberalen Partei im Trentino, rief in jenen politisch bewegten Jahren gemeinsam mit seiner Schwester Francesca einen Kreis von Künstlern und Schriftstellern ins Leben. Schirmherr war Andrea Maffei, der bekannte Übersetzer von Byron, Milton, Schiller, Goethe, Shakespeare; Mitglieder waren Dichter wie Giovanni Prati, Künstler wie Hayez und Vela, Schriftsteller wie Giovanni Visconti Venosta. Man traf sich im Haus der Familie in Riva und in den beiden Villen in Campo Lomaso und Sant'Alessandro. Einer der Künstler, die Maffei in den Salon Lutti eingefuhrt hatte, Antonio Caregaro Negrin, ein Architekt aus Vicenza, wurde mit der Restaurierung der beiden Sommersitze beauftragt. Bei beiden Häusern ergänzte Caregaro Negrin die vorhandenen Gebäudeteile um ein »starkes«, den Komplex charakterisierendes Element. In Campo Lomaso in Judikarien war es ein achteckiger Turm mit steilem Dach, in Sant'Alessandro bei Riva eine große Mausoleumskapelle in Form eines griechischen Kreuzes mit offensichtlich lombardischen Merkmalen.
Sant'Alessandro erhebt sich an den Hängen des Monte Brione über dem Gardasee. Zunächst terrassierte Negrin das hügelige Gelände, auf dem die Villa erbaut ist, wobei er auf große, durch Treppen verbundene und mit Balustraden verzierte Bögen zurückgriff.
Die Nordfassade gegen den weiten, bis zum Park reichenden Hof wurde nach traditionellen Vorbildern gestaltet, bei denen der klassizistische Dreiecksgiebel das vorherrschende Element ist.
Im Süden wird der Komplex, der in größere terrassenartige Flächen gegliedert ist, durch neue Formen belebt, unter denen die gewaltige turmartige Kapelle hervortritt, in der die historistische Formensprache des Architekten aus Vicenza wirkungsvoll zum Ausdruck kommt.

2 – Villa Fiorio di San Cassiano

San Giacomo, Riva del Garda

Am Fuße der Berge gelegen, die den Hintergrund der Stadt Riva bilden, erhebt sich in der Ortschaft San Giacomo die im 18. Iahrhundert erbaute Villa der Fiorio, einer in der Papierbranche tätigen Unternchmerfamilie aus Riva, Barone des Heiligen Römischen Reiches bis zum Ende des 18. Jahrhunderts und Inhaber einer vom kaiserlichen Re i chsverweser Karl Theodor von Bayern ausgestellten Besitzurkunde für San Cassiano, wo ihr Unternehmen seinen Sitz hatte. Ein Gitt'ertor zwischen zwei hohen Steinpfeilern, die mit großen Ziervasen gekrönt sind, öffnet sich auf die von Roßkastanien gesäumte Allee, die zum Herrenhaus führt. Die Anlage besteht aus den schon früher errichteten Gebäuden, miteinander verbunden durch eine einzigartige dekorative Form aus dem 18. Jahrhundert. Die Villa hat den Grundriß eines Hufeisens. Der mittlere Teil zwischen den beiden vorspringenden Seitenflügeln weist als plastische Verzierung ein schmiedeeisernes Geländer entlang der Galerie in der Mitte auf.
An der Nordseite des Hauses führt der Wasserlauf vorbei, der die Fiorio-Mühlen speist, und am Südhang erstreckt sich der Gärten, angelegt auf zwei Ebenen, die über kurze Freitreppen verbunden sind.
An der Fassade der Villa zum Park hin ist ein Balkon zu sehen, der von zwei Säulen getragen wird. Springbrunnen, Steinbalustraden und erst in jüngster Zeit gefertigte Statuen schmücken den Garten.
An dem Gebäudekomplex, der sich heute im Besitz der Familie Risatti befindet, wurden vor kurzem Restaurierungsarbeiten durchgeführt.

3 – Palazzo d'Arco Marcabruni

Arco

Von den zahlreichen Palazzi, die innerhalb des Festungsrings von Arco von Angehörigen der verschiedenen Lini en, in die die Familie der Grafen von Arco im Laufe der Jahrhunderte verzweigt war, erbaut wurden, ist der Palazzo in der Via Vergolano wahrscheinlich der älteste und wegen seiner herausragenden Freskenmalereien sicherlich der bedeutendste.
Es handelt sich um ein schlichtes Gebäude mit turmartigen Kaminen und Eisengittern vor den Fenstern, das in Form eines Hufeisens den Hof umgibt. Der Palazzo war Wohnsitz des Nicolò d'Arco (1479-1546), einer

herausragenden Persönlichkeit der Familie, eines Dichters und Humanisten, Ehemanns der Giulia Gonzaga di Novellara. Er ist auch bekannt als Palazzo del Termine, nach dem Namen der Straße an seiner Ostseite, oder als Palazzo Marcabruni, nach der Familie, der er im 19. Jahrhundert gehörte. Später ter wurde er Sitz des Bauernverbandes, der dem öffentlichen Lokal, das dort seit fast vierzig Jahren untergebracht ist, seinen Namen gegeben hat. Das Interesse am Palazzo gilt vor allem den Fresken, die Nicolò in der ersten Hälfte des 16. Jahrhunderts bei dem trientinischen Maler Dioniso Bonmartini in Auftrag gab.
In einem großen Saal im Erdgeschoß, in dem in einer Ecke ein Porträt Nicolòs ausgestellt ist, ist an der Decke in der Mitte der Kaiseradler mit den Wappen der Länder, die zur Zeit Karls V. zum Kaiserreich gehörten, zu sehen. Er ist umgeben von den Insignien der Familien, die mit den Grafen von Arco verwandt oder verbündet waren. Im Obergeschoß befindet sich eine hervorragende Kassettendecke.
Das Hauptinteresse gilt jedoch dem Freskenband am Traufgesims der Fassade zum Hof hin. Polychrome Atlanten scheinen das bemalte Gurtgesims zu tragen; an ihrer Brust sind die Wappensprüche der adligen Verwandten der Familie befestigt. Zwischen den Atlanten sind Szenen aus der Geschichte Roms aufgemalt: Muzio Scevola, Lucretia, Hasdrubal und Hannibal, Sinnbilder von Mut und Vaterlandsliebe, die die Kaiser von ihren Vasallen, den Grafen von Arco, verlangten.

4 – Villa De Prati

Arco

»Il passeggio delle ville«, Villenstraße – so wird die Straße am Fuße der Bergkette genannt, die von Arco nach Romarzollo führt. Ab 1870 wurde das Wohngebiet des neuentstandenen Kurorts Arco bis dorthin ausgedehnt. Von den in jener Zeit erbauten Villen ist die Villa de Prati das beste noch erhaltene Beispiel, sowohl im Äußeren wie im Inneren, und das dank der Restaurierungen, die in den letzten Jahren von der Familie D'Argenio, den

gegenwärtigen Besitzern, durchgeführt wurden. Die De Prati, eine erst kurz zuvor in den Adelsstand erhobene österreisch-ungarische Beamtenfamilie, wünschten sich ein »modernes« Haus, das den Anforderungen des häuslichen Alltags entsprechen und an dessen Innendekorationen eine gewisse aristokratische Freiheit zu erkennen sein sollte. Es handelt sich um ein viereckiges Gebäude, dessen Hauptfassade der leicht vorgeschobene, von einer Freitreppe geschmückte Mittelteil bildet. Die Architektur ist schlicht, ohne Zugeständnisse an die damals so beliebten historistischen Zitate. Interessant sind die drei Empfangsräume im Erdgeschoß mit Freskenmalereien an den Decken. Große Landschaftsgemälde schmücken die Wände des Speisezimmers, auf denen die benachbarten Orte am Nordufer des Sees zu sehen sind, ähnlich wie im Salon der Villa Tommasi in Sandrà.

5 – Villa Crosina

Arco

Die Familie Biedermann, Bauherrin der Villa Hedwig gehörte jenen mitteleuropäischen kosmopolitischen Kreisen an, die Ende des 19. Jahrhunderts Arco zu ihrem Sommersitz wählten. Der Stil dieses Ferienhauses wurde vom viktorianischen Cottage inspiriert, und seine typischen Merkmale reichen von der Neugotik Webbs bis zu den Arts and Crafts Lutyens'. Die Zahl der stilistischen Elemente ist groß der spitzbogenförmige Eingang, vor dem sich ein vestibülartiger Windfang befindet, das Erkerfenster an der Südfassade, das außergewöhnlich steile Dach, die hohen turmartigen Kamine, das Dachecktürmchen. Auf Bildern vom Ende des vorigen Jahrhunderts, als das Haus erbaut wurde, ist die gesamte Anlage zu erkennen, mit einem großen Gewächshaus, das nicht mehr vorhanden ist, und mit dem dicht bewachsenen Gärten, in dem jahrhundertealte Bäume stehen. Vor kurzem hat die Familie Crosina das Äußere des Gebäudes restauriert; das Innere wurde umfassenden Umbauarbeiten unterzogen, die den ursprunglichen Grundriß der Villa verandert haben.

Das Veroneser Ufer

Spricht man vom Veroneser Gardasee, so meint man zuallererst die Burg von Garda und die Landzunge Punta San Vigilio; hier wirkt die Landschaft mit den kurvigen Linien des Ufers und den Bergen, deren Gipfel sie wie eine Krone überragen, noch beeindruckender, hier verbinden sich das klare Wasser und die hoch aufragenden Felsen, 2000 Meter hinauf zum Monte Baldo, zu einer Einheit. Dieser nördliche Abschnitt des Veroneser Ufers wird deshalb auch als Garda-Baldo-Region bezeichnet. Die historische Entwicklung dieser Region verlief, bestimmt vom Klima und der entsprechenden Landwirtschaft, ganz anders als die im Gebiet am südlichen Teil des Sees bei Peschiera und am mittleren bei Lazise und Bardolino, wo das Hinterland lieblich ist und leichter landwirtschaftlich genutzt werden kann.

Die Scaliger, die in ihrer Blütezeit bis nach Sirmione und Riva vordrangen, bauten am See ein engmaschiges Verteidigungs- und Bewachungssystem auf, indem sie an den strategischen Punkten Burgen errichteten und die bewohnten Ortschaften befestigten. Eine solche Befestigungsanlage findet sich auch in Sirmione mit dem den Ort beherrschenden Kastell, das auch Wohnzwecken diente und einen befestigten Hafen hatte. Lazise und Bardolino sind von einer Mauer umgeben. Torri hat ebenfalls eine Burg. Und die gewaltige Burg von Malcesine, mit einem hohen Hauptturm und zinnengekrönten Feldabdachungen, ist mit dem Felsvorsprung, den der Monte Baldo in den See schiebt, fest verwachsen.

Nach dem Ende der Signorie der Scaliger und der kurzen Zeit der Herrschaft der Visconti aus Mailand, also mit dem Beginn der Republik Venedig 1408, bietet der venezianische Finanzhof die Güter der sogenannten »fattoria scaligera«, also den Grundbesitz der Familie della Scala, zum Verkauf an. Am südlichen und mittleren Teil des Sees werden immer mehr Landsitze wohlhabender Familien, die normalerweise die Ertäge aus ihren

Geschäften in die Landwirtschaft investieren, gebaut. Die Situation der Veroneser Villa spiegelt also auch in der Region von Garda das typisch venezianische Phänomen der sogenannten »Villenkultur« wider.
Ihr architektonisches Merkmal ist eine deutlich erkennbare eigene bauliche Struktur, verbunden mit einer Umgestaltung der unmittelbaren Umgebung.
Den Anfang bildete die Zwangsauflösung der Güter, die den alten Feudalfamilien gehörten, was eine Neustrukturierung der Landwirtschaft und eine Neuverteilung des ländlichen Besitzes mit sich brachte. Begünstigt wurde dies durch das Entstehen eines neuen Unternchmertums.
Das venezianische Patriziat, also die »Adligen«, die im Goldenen Buch eingetragen waren, in dem die Geburten, Todesfälle und Eheschließun-

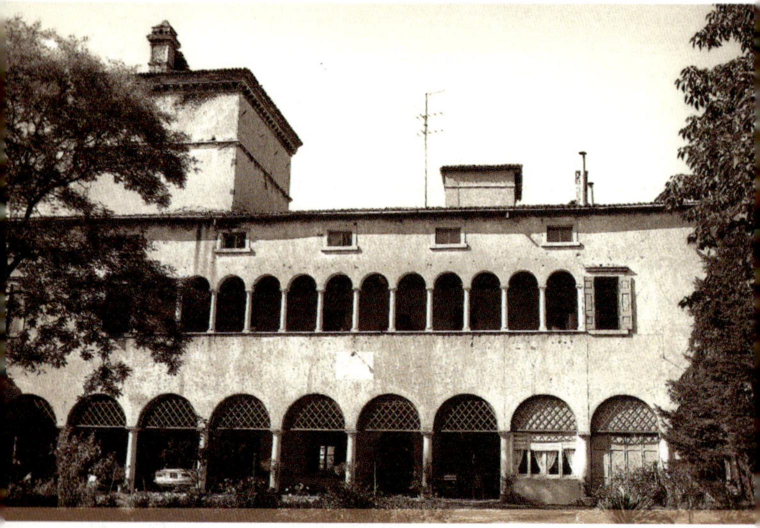

Oben: Cavalcaselle: Villa Ridolfi-Cossali, heute Sella

Vorhergehende Seiten:
Teilansicht der Burg in Malcesine (Foto: Lotze)

gen der sehr reichen und mächtigen venezianischen Oligarchie registriert wurden, pflegte das Vermögen, das es mit seinen Geschäften angehäuft hatte, in die Landwirtschaft zu investieren. Dennoch finden wir am Gardasee keine Landsitze venezianischer Patrizier, obgleich wir in allen Zentren politischer und militärischer Macht auf venezianische Beamte stoßen. Der Name Ca' Nobil Tron, der einem Hof zwischen Bussolengo und Lazise gegeben wurde, gehört zu den wenigen Hinweisen darauf, daß dieser mächtigen venezianischen Familie ein Anwesen in dieser Gegend gehörte.
Es war vielmehr das ortsansassige Patriziat, das sich dem fruchtbaren Hinterland von Lazise, Bardolino und Garda zuwendete. Weniger begehrt war das Moränengebiet bei Valeggio, das wegen seines steinigen Bodens nur schwer landwirtschaftlich genutzt werden konnte (Goethe schrieb in seinem *Tagebuch* wärend seiner Reise nach Italien über die anstrengende Arbeit der Bauern, die große Steinbrocken von den Feldern räumen mußten).
Der sumpfige Boden in Peschiera, charakteristisches Merkmal der Ebene am südlichen See bei Sirmione, ist für eine landwirtschaftliche Nutzung ungeeignet. Abschreckend wirkt auch die Festung, und die einzige bedeutendere Anlage ist das »Paradiso«, das von einem im 18. Jahrhundert restaurierten Gebäude beherrscht und wird und seit 1734 im Besitz der Familie Albertini di Prato ist. Die Gebäude, die in Form eines leicht zu verteidigenden Innenhofes angeordnet sind und von zwei Taubentürmen bewacht werden, sind ein Zeugnis für das Alter der Anlage und für die Tatsache, daß wir uns hier in einem Grenzgebiet zwischen dem Territorium der Serenissima und dem des Herzogtums Mantua befinden.
Der Name Paradiso deutet auf die erhöhte und begünstigte Lage nahe des umliegenden Gewässers hin. Die Grenze zwischen dem uberwiegend ländlichen Typus des Hofes, der sich als geschlossene städtebauliche Einheit darstellt – zuweilen Ergebnis einer architektonisch und stilistisch hervorragenden Planung (vergleichbar mit der Fratta Pasini in Saline bei Lazise) – und jener auch zu Repräsentationszwecken erbauten gewaltigen Villa – die jedoch in der venezianischen Form nie den Charakter eines landwirtschaftlich genutzten Baus verliert – ist manchmal sehr schwierig zu ziehen, doch werden hier nur jene Beispiele berücksichtigt, die man unmittelbar als Villen erkennen kann.
Das bemerkenswerteste Beispiel für einen Landsitz aus dem späten 15. Jahr-

hundert steht in Cavalcaselle, an der Staatsstraße, die Verona mit Peschiera verbindet. Es handelt sich um die Villa Sella, ehemals Ridolfi Cossali. Sie ist ein typisches Beispiel für die Veneto-Urform (mit beachtenswerten Beispielen in der Veroneser Gegend) der ursprünglich venezianischen Villa, die aus Portikus und Loggia entwickelt wurde, die asymmetrisch zum massigen Baukörper des Taubenturms angeordnet sind. Das Innere der älteren Häuser gliedert sich in eine Flucht von Zimmern, die parallel zur Längsachse von Portikus und Loggia liegen und über Seitentreppen miteinander verbunden sind. Eine solche Raumaufteilung greift auf das venezianische Modell der Villen Andrea Palladios zurück. Bei diesen herrscht zwischen den Räumen der beiden Geschosse, die parallel zur Mittelachse angeordnet sind, die der zentral gelegene Salon bildet, Symmetrie.

Il Saletto, auf einem Foto aus der sechziger Jahren

Weitere beachtenswerte Beispiele für Bauwerke aus dem 15. und 16. Jahrhundert sind der Randina-Hof bei Pastrengo, die Casa Caldana in Calmasino, die Häuser der Becelli, jetzt Rizzardi Guerrieri, in Costermano oder die Anlage Sant'Andrea auf dem Monte Moscal, die im 19. Jahrhundert im Auftrag der Familie Bottagisio im romantischen Stil restauriert wurde und unter der sich ein viel älterer Komplex mit einer Kirche verbirgt, die bereits im 11. Jahrhundert urkundlich erwähnt wird, als sie der Abtei von San Zeno di Verona unterstand. Das Alter der Bauwerke wird häufig durch die Restaurierungs- und Umbauarbeiten verschleiert, die auf Grund geänderter Wohnansprüche und der Mode späterer Jahrhunderte durchgeführt wurden. Das ist der Fall bei 11 Scaletto in Sandrà, einer Anlage in der Form des späten Klassizismus, heute Negri Mosconi de Fugaroli,

Pacengo: Villa Sagramoso, später Balladoro

wo man noch die ursprüngliche Villa aus dem 15. Jahrhundert erkennen kann, oder bei der Villa Rizzardi Guerrieri in Bardolino, wo im Zuge der Restaurierung im 19. Jahrhundert die im 15. Jahrhundert erbauten Häuser der Fermi, Pellegrini und Rambaldi vereint wurden. Ein typisches Beispiel für einen gelehrten Bauherrn, der gemeinsam mit dem Baumeister einen mit Symbolen beladenen Entwurf anfertigte, ist die zwischen 1541 und 1550 auf der Landzunge Punta San Vigilio für den Humanisten Agostini Brenzoni wahrscheinlich von Michele Sanmicheli erbaute Villa. Sanmicheli war ein in der Veroneser Renaissance bedeutender und im ganzen Veneto sehr angesehener Baumeister.

Das von ländlichen Elementen freie Wohngebäude spiegelt nach dem Willen des Auftraggebers die Prinzipien der klassischen Gelehrtenvilla wider, die behaglich, aber einfach in Form und Ausstattung ist. Ikonographisch komplexer ist die Anlage des Gartens, wo die Architektur in die Natur eindringt, indem sie diese dem Thema Muße des Gelehrten aus dem catullischen, mythologischen und vor allem petrarcischen Gedankengut anpaßte, das in der Villa den Ort der Reinheit und in der Stadt die Heimat der Begierde und des Lasters sah. Im 18. Jahrhundert feiert die »Villeggiatura«, das heißt die Mode, den Sommer in einer Villa zu verbringen, ihren Triumph. Damit einher geht die Urbarmachung des Landes, der Anbau von Mais, die Pflanzung von Maulbeerbäumen und die Zucht von Seidenraupen und schließlich die Veräußerung öffentlicher Güter durch die Republik Venedig. Diese Güter wurden unter dem Patriziat, dem der Terraferma untertänigen Adel und dem neuen Mittelstand aufgeteilt, dem nun auch Kaufleute, Verwalter und Finanziers angehörten, die mit dem Aufschwung der Landwirtschaft reich geworden waren. Mehr und mehr wird die Villa zum deutlichsten Zeichen eines erst vor kurzem oder bereits vor langer Zeit erworbenen gesellschaftlichen Status mit dem entsprechenden Lebensstil. Ein Beispiel hierfür stellt in Pacengo der barocke Wohnsitz der Sagramoso dar, einer alten, aus Pacengo selbst stammenden Familie. Das Gebäude ging später auf die Balladoro über, die Seidenhändler und erst vor kurzem in den Adelsstand erhoben worden waren. Mehr noch aber gilt dies für die prunkvolle höfische Rokokovilla der Grafen Pellegrini in Castion, einer der ältesten Familien des Veroneser Adels, die zum Hof Maria Theresias, den Florentiner Medici und dem Hause Lothringen Verbindungen unterhielt.

Nicht fehlen jedoch dürfen die Beispiele, die von einer idyllischen Einfachheit durchdrungen sind, wie die Villa Marastoni, später Tretti, in Conferazene und die ehemalige Villa der Grafen Lombardo in Cordevigo bei Cavaion, bis zum Sturz der Serenissima Inhaber der Feudalrechte in Cavaion.
Gegen Ende des 18., aber vor allem ab Beginn des 19. Jahrhunderts wird der See zu einem beliebten Reiseziel. Der Veroneser Adel und gehobene Mittelstand machen sich nun verstärkt daran, die Villen in Valpolicella oder Bassa zu renovieren und zu erweitern; in diese Gegend fließen auch große landwirtschaftliche Investitionen angesichts der Möglichkeit einer intensiven Bodennutzung. Dies ist die Zeit, zu der es in der kulturellen Diskussion um die Überwindung des Klassizismus und um die Annahme eines nationalen Stils geht, der vor allem von den Idealen des Risorgimento geprägt ist. Mitte des Jahrhunderts kommt es zu einem Wiederaufleben von Romanik und Gotik. Das Mittelalter wird, vor allem in den freien Kommunen, als eine Epoche der Befreiung und der nationalen Identität aufgefaßt.

Pacengo: Villa Catterinetti-Franco

Rechts: Gada: Villa Albertini (Foto: Lotze) >

Wenn also in den zu Beginn des 19. Jahhrunderts erbauten Villen noch der Klassizismus überwiegt (wie beim Haus der Cattarinetti Franco in Pacengo oder bei der Gartenfassade der Villa Miniscalchi in Colà oder, obgleich später, beim Haus der Tommasi in Sandrà und bei der renovierten Villa der Da Persico, später Poggi, in Affi), wendet sich die Mode zur Jahrhundertmitte der Neuromanik und dem Neugotischen zu.
Die Villa der Da Sacco in Colà, die Villa Bottona der Brognoligo in Lazise, die Villa Bagatta der Murari (in leicht maurischem Stil) und der restaurierte Flugel der Villa Fumanelli in Monteraso sehen mit ihren Spitzbogenfenstern und Zinnenkränzen wie mit Türmen bewehrte Paläste aus.
Mit der Einheit Italiens nimmt die Renaissance früherer Stile ihren Anfang und rückt die nationale Wirklichkeit stärker ins Blickfeld. So lassen die Carlotti ihr Haus in Scavejaghe bei Garda und die Cavazzocca ihre Casa Pergolana in Lazise nach 1870 vom Architekten Giacomo Franco »stilgerecht«

Garda: Teilansicht der Villa Canossa (Foto: Lotze)

restaurieren, wobei sie unter anderem weitläufige Parks im englischen Stil, also Landschaftsparks, anlegen lassen.
Die eine Menge pittoresker Anregungen mit sich bringende Umwandlung des streng geometrisch gestalteten Gartens in einen Landschaftsgarten kann man bereits zu Beginn des Jahrhunderts beobachten.
Künstliche Ruinen (wie die Burg in Lazise, die dem wunderschönen Garten der Villa der Familie Buri, später Bernini, einverleibt wurde) und kleine Seen, Treffpunkte, wie das »Caféhaus« und die »Case dei Daini«, und Zweck- und Wirtschaftsbauten, wie Volieren und Portierlogen, finden ihre ideale Umgebung in einer gewählten, aber scheinbar ungeordneten Bepflanzung mit neuen und seltenen Pflanzenarten, die dazu bestimmt sind, ein vordergründig »natürliches« Bild der Natur selbst zu schaffen. So entstehen wunderschöne Parks, wie bei der bereits genannten Villa der Miniscalchi in Colà, der Albertini in Garda, der Poggi in Affi und der Giuliari in Albaré.

Cavalcaselle: Villa Da Monte, heute Arvedi degli Emilei

Der Anbau und Handel mit Zitrusfrüchten, begünstigt von den sehr guten klimatischen Bedingungen, macht den Bau von Treibhäusern und »Limonaie« rentabel, einer Kombination aus Zitronenhain und Gewächshaus, die die Landschaft jedoch nicht so stark prägen wie am lombardischen Ufer.
Der Historismus am Ende des Jahrhunderts führt später zu Mischstilen von geringem architektonischen Wert, wie im Fall der Villa Bottagisio in Bardolino, heute in Gemeindebesitz, oder auch der benachbarten Villa delle Magnolie und Villa delle Rose oder der im alpenländischen Stil erbauten Villa Trabucchi in Cavaion. Allerdings erstreckt sich die Villenkultur nur bis Punta San Vigilio. Dies Hindernis für die Modernisierung wurde gegen Ende des 19. und am Beginn des 20. Jahrhunderts beseitigt, als der sich neu entwickelnde Mittelstand die Notwendigkeit verspürte, sich Räume für Festlichkeiten und zur Erholung zu schaffen, Dinge, die bisher dem Adel vorbehalten waren. Die Folge war eine wahre Blütezeit der »Ferienarchitektur«, die mit der Villenkultur nichts gemein hatte.
Malcesine kommt zu jener Zeit in Mode; davon zeugen Bauten wie die Villa Bukner, Villa Gruber, Villa Pariani in Comesel, Villa Lavia und Villa Molitor in Val di Sogno, Villa Bianca, Villa Nichesola oder die Villa Cerea in La Madonna. Es gibt unzählige Beispiele in der gesamten Uferregion. Die Vielfalt der Stile repräsentieren so unterschiedliche Bauten wie die im Stil des 16. Jahrhunderts erbaute Villa de Moll, das heutige Hotel du Parc in Garda, die neubarocke Villa Dora, ebenfalls in Garda, oder die Villa Ferrari in Bardolino oder die ehemalige Villa Cavalli der Peverelli in Peschiera, die auf einer österreichischen Festung errichtet worden ist. Erwähnt sei auch der rationalistische Stil der Villa Benciolini, die sich in einzigartiger Lage über der Punta San Vigilio erhebt, und, als Beispiel aus jüngster Zeit, die Casa Ottolenghi, die auf den Hügeln hinter Bardolino nach Plänen Carlo Scarpas, eines der Meister der italienischen Architektur dieses Jahrhunderts, erbaut worden ist.

Bardolino: Villa delle Magnolie und Villa delle Rose (Foto: Lotze) >

6 – Villa Guarienti di Brenzone

San Vigilio, Garda

Die Punta San Vigilio die sich als letzter Ausläufer des Monte Baldo in den See schiebt und die Bucht von Garda von der Baia delle Sirene trennt, ist sicherlich der beindruckendste Flecken am Veroneser Ufer. Die Villa, die von dem Humanisten Agostino Brenzoni in Auftrag gegeben wurde und später in den Besitz der Grafen Guarienti di Brenzone überging, ist ein quaderförmiger Bau mit einfachen, strengen Formen, wie sie für die klassische Gelehrtenvilla typisch waren. Der Entwurf stammt wahrscheinlich von Michele Sanmicheli, einer unter den Veroneser Baumeistern des 16. Jahrhunderts herausragenden Persönlichkeit. Ein Loggiaportikus belebt die Seefassade mit einer ruhigen Aufeinanderfolge von Licht und Schatten.

Wunderschön ist der Gärten mit Anlagen aus der Spätrenaissance, mit kostbaren Elementen der klassischen Kultur, wie der von hohen Zypressen umgebenen Rotunde. In den Pfeilern dieser Rotunde sind Nischen eingelassen, in denen römische Büsten ausgestellt sind, ein typisches Beispiel für die Sammelleidenschaft vieler Gebildeter zur damaligen Zeit.
Von der Villa aus gelangt man über einen grob gepflasterten Weg zum venezianischen Zollamt und zum Hafen. Unzählige Dichter, Schriftsteller, Künstler und Prominente ließen sich von dem Ort und seinen berühmten Gästen inspirieren Laurence Olivier, Vivien Leigh, Winston Churchill und, erst kürzlich, Prinz Charles von England und König Juan Carlos von Spanien.

CARTHAGO
ITALIAM

7 – Villa Albertini
Garda

La Signora di Garda – so könnte man die Villa Albertini nennen, denn sie verleiht der Ortschaft große Pracht, und ihre fünf roten Türme und der uppige grüne Park sind ein Wahrzeichen der Bucht von Garda. Eine breite Magnolienallee, die wie eine Mauer beschnitten ist, führt vom Parktor auf die Villa zu. Der Mittelbau der klassizistischen Villa wird von einem Dreiecksgiebel betont, und mit ihren vier Seitentürmen und einem emporragenden Mittelturm, die mit Schwalbenschwanzzinnen geschmückt sind, wirkt das Bauwerk sehr romantisch.
Durch die Renovierung des Hauses der Fami lie Becelli aus dem 16. Jahrhundert hat die Villa ihr gegenwärtiges Aussehen erhalten. Anfang die-

ses Jahrhunderts wurde sie von der Familie der Grafen Albertini di Prato erworben, in deren Besitz sie noch heute ist. Der geometrisch gestaltete Gärten, der die Villa umgibt, wird in weiterer Entfernung vom Gebäude zu einem einzigartigen Landschaftsgarten, der sich über den gesamten dahinterliegenden Hügel erstreckt; er wurde von Francesco Ronzani aus Verona entworfen. Unverändert ist die Atmosphäre des frühen 19. Jahrhunderts in den Räumen des Hauses, wo unter anderem Karl Albert von Savoyen die ihm die Urkunde über den Anschluß an Piemont überbrachte, sowie der Herzog von Genua und Maximilian von Bayern zu Gast waren.

8 – Villa Canossa

Garda

Zwischen Garda und Punta San Vigilio, in der Ortschaft Scavejaghe, wo die kahlen, grauen Felsen der Berge im Hintergrund eines zauberhaften Panoramas emporragen, liegt in einem weitläufigen Park die Villa Carlotti, die später durch Erbe auf die Marchesi di Canossa, die gegenwärtigen Besitzer, überging.

Das Gebäude ist das Ergebnis einer Restaurierung, mit der 1870 nach Plänen von Giacomo Franco, einem Professor für Architektur an der Akademie in Venedig, begonnen wurde.

Von dem früheren Gebäude aus dem 18. Jahrhundert ist nichts mehr übrig. Teils wurde es abgerissen, teils von der neuen historistischen Fassade verdeckt, deren dekorative Elemente vor allem der Formenssprache der Romanik und der Gotik entnommen sind, während der Gesamteindruck des Bauwerks an die Renaissance erinnert.

Eine große Terrasse führt auf eine weite Rasenfläche, die sich am Wohnhaus vorbei bis zum See erstreckt.

In der Villa wohnte Alessandra di Rudinì, Frau des Botschafters Andrea Carlotti; sie war zu Anfang dieses Jahrhunderts eine weltweit bekannte Persönlichkeit, als ihr Verhältnis mit Gabriele D'Annunzio bekannt wurde.

9 – Casa Ottolenghi

Bardolino

Die anhaltende Bedeutung der Villa als Beruhrungspunkt zwischen dem Wunsch des Bauherrn, ein repäsentatives Zeugnis der Kultur seiner Zeit zu hinterlassen, und dem Verlangen des Architekten, eine Formensprache umzusetzen, die dazu fahig ist, die wesentlichen Merkmale einer Kultur in sich zu vereinen, findet im Haus der Familie Ottolenghi in Bardolino als einem der bedeutendsten Beispiele ihren Niederschlag. Der Venezianer Carlo Scarpa (1906-1978) entwarf 1974 das Gebäude, das später unter Mitwirkung der Architekten Guido Pietropoli und Giuseppe Tommasi fertiggestellt wurde. Neun Rundpfeiler von gewaltigem Ausmaß bilden die

einzigartigen Stützen, auf denen sowohl das Äußere als auch das Innere des Gebäudes lastet. Sie werden strukturiert vom farblichen und taktilen Kontrast der »a secco«, also ohne Mörtel, zusammengesetzten Scheiben aus unterschiedlichem, nach Anweisungen des Nordamerikaners Wright bearbeitetem Material wie Beton und rosafarbenen Steinen .
Der Dialog mit der Landschaft ist ungebrochen von der Wasseroberfläche, in der sich das Haus spiegelt bis zum Terrassendach, einer idealen und praktischen Fortsetzung des Hangs, an dem die Villa erbaut ist.

10 – Villa Rizzardi Guerrieri

Bardolino

Das lange, monumentale Bauwerk der Familie Rizzardi Guerrieri, das innerhalb von Bardolino liegt und sich bis zum See erstreckt, verdankt sein heutiges Aussehen einer Restaurierung im 19. Jahrhundert bei der für das Herrenhaus mit Aussicht auf den See ein einfacher, klassizistischer Stil bevorzugt wurde. Die Wirtschaftsgebäude weisen dagegen einen sehr einförmigen Stil auf, der eher an das Mittelalter erinnert.
In Wirklichkeit vereinigt die Villa Rizzardi unter dem Mauerwerk des 19. Jahrhunderts insgesamt drei Patrizierhäuser aus dem 15. und 16. Jahrhundert, die dicht an den mittelalterlichen Mauern Bardolinos erbaut worden waren die Häuser der Familie Fermi aus Caravaggio in der Region Bergamo, der Familie Pellegrini, die um ihren Bau in Bardolino einen schönen Park anlegte, und der Rambaldi, einer alten Veroneser Familie, die Verbindungen zu den Scaligern unterhielt.
Den Rambaldi gelang es später, den Besitz zu vereinen, der Anfang des 19. Jahrhunderts durch Erbe auf die Guerrieri aus Fermo in den Veronesischen Marken und nach deren Aussterben auf die Familie der Grafen Rizzardi aus Verona überging.
Prachtstück des Besitzes ist der Park, der sich neben den Gebäuden erstreckt und in dem wunderschöne Lorbeerbäume, Zierzedern, Pinien, Eiben, Magnolien, Ölbäume, Sumpfzypressen, Walnußbäume, Ahornbäume und Roßkastanien wachsen.
Die Villa, die sich noch immer im Besitz der Familie befindet, liegt inmitten eines florierenden landwirtschaftlichen Anwesens, das insbesondere Olivenöl und Wein produziert.

11 – Villa Poggi

Affi

Der alte »Palazzo Vecchio« der Grafen Da Persico ragt majestatisch aus dem Græn des Parks heraus und wird von der dunklen Masse des Felsens von Affi beherrscht.

Die Da Persico, die seit dem Ende des 15. Jahrhunderts in Affi ansässig waren, hatten dort zwei Villen den alten Palazzo, der 1870 auf die Familie Poggi überging, die ihn noch immer besitzt, und die »neue Villa«, die heute Sitz einer Wohltätigkeitsorganisation ist, wie es das letzte Mitglied dieses Geschlechts, Elena Da Persico, verfügte.

Die Villa Poggi, von der es Stiche aus dem 17. Jahrhundert gibt, wurde im 19. Jahrhundert grundlegend restauriert. Nach einem Entwurf Giuseppe Barbieris, Oberingenieur der kaiserlichen Regierung in Verona, wurden die Fassade bekrönt und an den Seiten der Villa zwei breite Laubengänge hinzugefügt; der italienische Garten wurde in einen großen romantischen Park umgestaltet, den wir noch heute bewundern können.

Das Gebäude hat ganz die Atmosphäre einer venezianischen Villa bewahrt, Zeugnis eines schon längst vergangenen Lebensstils.
Der Salon in der Mitte, der über den ersten Stock reicht und der in der zweiten Hälfte des vorigen Jahrhunderts renoviert wurde, teilt das Haus der Länge nach. Rechts und links des Salons liegen das Säulenzimmer, das pompejanische Zimmer, das klassizistische Badezimmer und die Bibliothek, in der die Verzierungen aus dem 18. Jahrhundert erhalten sind. Die gut ausgestattete Bibliothek und das komfortable Badezimmer, das die Aufgabe hatte, »die Gäste mit jeder Art von sittsamem Zeitvertreib zu erfreuen«, haben den Aufenthalt in diesem Gebäude wohl besonders angenehm gemacht.

12 – Villa Pellegrini

Castion di Costermano

Die Veroneser Adelsfamilie Pellegrini, deren Name auch nach Jahrhunderten noch mit Verona verbunden ist, denn sie hinterließen der Stadt zwei der bedeutendsten Denkmäler, war mit umfangreichem Grundbesitz bis ins 16. Jahrhundert in Costermano ansässig. Der heutige Palazzo wurde 1760 auf Wunsch von Leonardo Pellegrini, einem in Diensten Maria Theresias stehenden Heerführe, nach einem Entwurf des Ordensbruders Ignazio erbaut. Der in jungen Jahren an den Hof des Großherzogs der Toskana entsandte Ignazio zeigte schon sehr bald eine Vorliebe für die Architektur und wurde »großherzoglicher Ingenieur«. Da er in der Toskana sehr aktiv war, plante er für den Familienbesitz in Castion eine klassizistische

Villa , die jedoch Anklänge an das Rokoko aufwies und vom venezianischen Stil weit entfernt war, nahezu eine Art Theatermaschi nerie mit Statuen und Fialen, die als Kulisse für den Garten diente, der in breite, flache Terrassen gegliedert war, die vom monumentalen Eingangstor hinter einem leichten Abhang zur Villa führten.
Etwas Besonderes war auch die innere Raumaufteilung, mit einem Atrium mit Säulen und einer riesigen Freitreppe, die in den Empfangssalon führte, der mit Fresken verziert war, auf denen Landschaften sowie Szenen aus der Mythologie und Hirtenszenen dargestellt waren, die die arkadische Atmosphäre der gesamten Anlage aufs vollkommenste ergänzten. Chinoiserie, Stuck und Draperie jener Zeit schmücken die vielen anderen Räume der Villa.

13 – Villa Borgognoni Tommasi

Sandrà di Castelnuovo del Garda

Diese Villa, die im Zentrum von Sandrà, auf den Moränenzugen am südlichen Teil des Sees liegt, ist seit Mitte des 18. Jahrhunderts im Besitz der Familie Borgognoni Tommasi. Es handelt sich um ein einfaches Gebäude mit einem luftigen Laubengang, der in einen von Arkaden umgebenen Innenhof führt, der an einer Seite von einem kleinen, im romantischen Stil angelegten Park begrenzt wird und dessen Mitte eine Brunnenumrandung aus dem 16. Jahrhundert schmückt. Die heutige Fassade geht auf eine Restaurierung irn Jahre 1851 zurück. Einen weiteren Umbau gab es anäß-

lich der Hochzeit des letzten Mitglieds der Familie Borgognoni, Celestina, mit Alessandro Tommasi. Die Dekoration, ein Werk des Malers Giovanni Bagattini, zieht sich über alle vier Wände des Raums, nahezu ohne Unterbrechung; sie läßt die Romantik eines Landsitzes aus dem 18. Jahrhundert wieder aufleben. Tatsächlich kann man einige Elemente der Landschaft der Moränenregion am Gardasee erkennen, wie die Fähre über die Etsch in der Nähe der Schleuse, die Brücke über das Flüßchen Teon und den Frassinosee mit dem Monte Baldo. Die wertvollen Vorhänge mit Lambrequins die noch immer ihre ursprünglichen Bezuge haben, tragen beträchtlich dazu bei, daß man den Zauber dieses Empfangzimmers des gehobenen Veroneser Mittelstandes noch heute nachempfinden kann.

14 – Villa dei Cedri

Colà di Lazise

Die sanft gewellten Moränen machen Colà zu einem besonders abwechslungsreichen und attraktiven Ort. Er liegt hinter Lazise und wurde von zwei Veroneser Adelsfamilien als Sommersitz auserwählt der Familie Da Sacco, die ihre alten Häuser im neugotischen Stil restaurierte, und der Familie Miniscalchi, die den lombardischen Architekten Luigi Canonica zur Modernisierung ihres Landsitzes, der heute als Villa dei Cedri bekannt ist, hinzuzogen. Die große Gartenfassade, die ein Dreiecksgiebel mit vier Lisenen mit korinthischen Kapitellen schmückt, ist im klassizistischen Stil des fruhen 19. Jahrhunderts erbaut, während die Dienstgebäude, die Gästehäuser, die Stallungen und die drei Portierlogen in historistischer

Weise auf Stilelemente des Mittelalters zurückgreifen, eines Historismus, der die Architektur in der zweiten Hälfte des vorigen Jahrhunderts geprägt hat. Das Wunderwerk der Villa dei Cedri ist jedoch der dicht und uppig mit gewaltigen Bäumen bewachsene englische Garten, der die gewellte Form des Geländes geschickt ausnutzt und so Ansichten schafft, die sich ständig verändern. Ein Wasserlauf, der sich in Serpentinen zu einer Grotte zum Unterstellen der Boote hinabwindet, und Gewächshäuser aus Glas und Eisen gehören ebenfalls zu dieser Gartenanlage, die als Kleinod des Anwesens der Miniscalchi betrachtet wurde, die ihn von der Veroneser Adelsfamilie Moscardo geerbt hatte.

15 – Villa Montinghel
Lazise

Die Gegend um Montinghel, im unmittelbaren Hinterland von Lazise, inmitten von sanften Moränenhängen, Weinbergen und Olivenhainen gelegen, wirkt wie ein Ort, der vom Lauf der Zeit unberührt geblieben ist. Das Stadtgebiet von Lazise ist noch nicht bis zu diesem einzigartigen Landstrich vorgedrungen, in dessen Mitte sich Montinghel erhebt: ein schlichtes, strenges Herrenhaus inmitten des zarten Grüns der Felder und dem des dunkleren und gefleckten des Parks mit seinen jahrhundertealten Bäumen. Es handelt sich um einen alten Landsitz der Adelsfamilie Brenzoni, der mehrmals den Besitzer wechselte, bevor er auf die Familie Zanetti, die gegenwärtigen Eigentümer, überging. Eine ungewöhnlich lange Reihe von

Olivenbäumen umrahmt den Turm, der wahrscheinlich aus dem 16. Jahrhundert stammt. Eine große Voliere im romantischen Stil, ein zinnengekröntes Türmchen zwischen dem Grün der Roßkastanien und der Zwergpalmen und der großenteils mit Schnittblumen bepflanzte Garten unterstreichen die märchenhafte Atmosphäre des Ortes, zu der auch die Persönlichkeit der Hausherrin beträchtlich beiträgt.

16 – Il Paradiso

Peschiera del Garda

Dieser Landsitz der Grafen Albertini, schön gelegen zwischen dem Grün des Landes und dem Dunkelblau des vor ihm dahinfließenden Flusses Mincio, hat den Grundriß eines viereckigen Innenhofes.
Durch ein kostbares schmiedeeisernes Gittertor gelangt man in den Ehrenhof der Villa. Dieses Tor wird von Pfeilern begrenzt, die mit Rustikaquadern versehen und mit Statuen von Adam und Eva bekrönt sind, und von zwei Taubentürmen bewacht.
Die lange Fassade des Herrenhauses dem Tor gegenuber ziert in der Mitte eine große klassische Vorhalle, die von einem Dreiecksgiebel überspannt ist. Zwei große Freitreppen führen von links und von rechts her zur Vorhalle, von wo aus man in den großen Salon in der Mitte der Villa gelangt.
Hinter der heutigen Fassade aus dem 18. Jahrhundert verbirgt sich jedoch ein älteres Bauwerk, wie ein Pfeiler im Erdgeschoß zeigt, auf dem das Datum 1536 eingraviert ist.
Besitzerin der Anlage ist die aus der Toskana stammende Familie Albertini, die sie 1734 von der Familie Valeggia übernahm.
Nachdem der Landsitz seit dem Ende des vorigen Jahrhunderts ausschließlich landwirtschaftlich genutzt wurde, ließ Graf Carlo aus der Familie Albertini 11 Paradiso 1962 umfassend restaurieren, wodurch es seine ursprüngliche Schönheit zurückerhielt.
Graf Carlo Albertini, ein leidenschaftlicher Maler, war es auch, der die ovalen Bilder malte, die den Empfangssalon des Hauses schmücken. Andere seiner Nachkommen haben auch die landwirtschaftlichen Gebäude restaurieren lassen, wobei sie spätere Zusätze entfernten und den Gebäuden ihre ursprüngliche architektonische Form zurückgaben.

17 – La Bottona

Lazise

Der Name La Bottona, das Faß, leitet sich von den riesigen Fässern ab, die noch immer in den Kellerräumen der Villa stehen. Die Villa ist eines der bedeutendsten Beispiele für die Wiederbelebung der mittelalterlichen Kunst, einer Modecrscheinung um die Mitte des vorigen Jahrhunderts.
Der alte Familiensitz wurde 1872 durch den Grafen Girolamo Brognoligo restauriert und erweitert.
Ein Spitzfenster und schwalbenschwanzförmige ghibellinische Zinnen kennzeichnen die Fassade des Gebäudes zum See hin. Ein schöner Park mit Zypressen, Tannen und Lärchen umgibt die Villa.
Die Anlage gehört den Nachkommen der Familie Brognoligo, der venezianischen Patrizierfamilie Barbaro.

18 – Villa Bernini

Lazise

Nach der Burg La Rocca in Lazise und des von der Stadtmauer umgebenen alten Hafens gab um die Mitte des 19. Jahrhunderts Graf Giovanni Battista Buri den Bau einer Sommerresidenz und die Anlage eines Landschaftsgartens in Auftrag. Sie ist eine echte Ruine in einer Zeit, in der die Fälschung die Norm ist. Die Villa selbst liegt etwas abseits am Ende des Parks, zur Stadt hin. Die Seefassade schmücken ein langer Balkon und ein Kranz hoher Schwalbenschwanzzinnen. Der Mittelteil der Gartenfassade ist dagegen schlicht und gegenüber den beiden kurzen Seitenflü-

geln etwas zurückversetzt. Ein charakteristisches Merkmal ist der Putz in pompejanischem Rot. Das kleine Hafenbecken ist alles, was von dem Scaligerhafen übriggeblieben ist, den Graf Buri aufschütten ließ. Es wird noch immer von den kleinen Wachttürmen aus dem 14. Jahrhundert bewacht und ist ganz von einer zinnenbewehrten Mauer umgeben.
Im Park mit Palmen und Libanonzedern fallen besonders zwei riesige Magnolien auf, die so dicht sind, daß ihre Kronen eine Einheit bilden. Ein Laubengang führt quer durch den Park zu einem blumengeschmuckten, großen runden Platz vor der Villa.

Das Brescianer Ufer

Maderno liegt vier Meilen von Salò entfernt, und von allen Dörfern an jenem Ufer, im Süden am Fuße der Berge, ist Maderno wegen der Schönheit seiner Lage und der herrlichen Luft das schönste und lieblichste, denn es hat eine flache Landzunge, die mehr als eine halbe Meile weit in den See hineinreicht. Meiner Meinung nach ist diese Landzunge, deren Boden sehr fruchtbar ist, durch das Erdreich entstanden, das ein eben dort in der Nähe fließender Fluß aus den Bergen mitgeführt hat. Die benachbarten Orte in den Bergen und auch auf den Hügeln voller Olivenbäume bieten einen geradezu wunderbaren Anblick, und am Fuße dieser hohen und felsigen Berge sieht man unzählige blühende Gärten mit Zedern und Zitronenbäumen, mit all den Früchten, die in dem sehr milden Klima besonders schön und gut wachsen. Deshalb ist es kein Wunder, daß der Herzog von Mantua sich entschlossen hat, ein Haus außerhalb seines Territoriums zu bauen, so daß er zu jeder beliebigen Zeit des Jahres dem schlechten Klima seiner Stadt entfliehen und das beste und gesündeste Klima, das es in Italien gibt, genießen kann, und wo alle Dinge, die das Land und das Wasser hervorbringen, besonders schön und gut sind. Was das Gebäude anbelangt, so nimmt dieser Herzog ein Haus, das gegenwärtig bewohnt ist, aber nicht von einem Fürsten, sondern von einem privaten rechtschaffenen Menschen, denn es ist ein Haus, das von einem Priester gekauft wurde und das an der Hauptstraße innerhalb des Dorfes liegt. Gegenuber ließ er später einen Palazzo bauen, den man allerdings als einen fast 28 Schritte langen und 14 Schritte breiten Bau bezeichnen muß, der an drei Seiten von anderen Häusern des Dorfes umgeben ist.«

So steht es in einem Bericht an den Venezianischen Senat, den Buonaiuto Lorini schrieb, der als Ingenieur in Diensten der Republik Venedig stand. Er machte sich Gedanken über den Sommersitz, den der Herzog Vincenzo I. Gonzaga hier bauen wollte, um dem Gestank der Gegend um Mantua zu entfliehen. Von den Gärten und dem Palazzo, die Vincenzo I. nach den Plänen errichten wollte, die der Hofbaumeister Antonio Maria Viani entworfen und Herzog Carlo 11. wiederaufgegriffen und ausgeschmückt hatte, sind heute leider nur noch wenige Überreste vorhanden, darunter die Villa Brunati Bulgheroni, die traditionell als Gästehaus des Anwesens diente. 1819 ließ der damalige Besitzer, der Arzt Ghinelli di Bogliaco, »der ein wenig geisteskrank war«, die Anlage abreißen, in der Hoffnung, dort einen versteckten Schatz zu finden.

Nur Lorinis Bericht kann uns die Anziehungskraft, die das Brescianer Ufer zu Beginn des 17. Jahrhunderts ausübte, noch erklären. Die Voralpen, die mit Felsvorsprüngen und Tälern auf den See blicken, lassen am Westufer des Sees ein großartiges, beeindruckendes Panorama entstehen. Gleichzeitig bieten sie einen wirksamen Schutz vor dem rauhen Klima des Gebirges. Seit 1424 untersteht das Gebiet westlich des Gardasees der Republik Venedig, die ihre Herrschaft wenige Jahre später auf die gesamte Region Brescia ausdehnte und bis zu ihrem Sturz durch Napoleon Bonaparte im Jahre

Maderno: Villa Bulgheroni, Eingang zum oberen Garten

< Sirmione: Die Scaligerburg

Die Zitronengärten der Villa Bulgheroni auf einem Foto von Ende des 19. Jahrhunderts

1797 halten konnte. Der Einfluß Venedigs spiegelt sich, zumindest teilweise, auch in den Villenansiedlungen am Brescianer Ufer wider. Dies gilt vor allem für die Gebiete, denen das Brescianer Patriziat seit altersher seine Aufmerksamkeit geschenkt hat, wie die Franciacorta und die Ebene südlich des Sees. Die Lagune hingegen läßt wegen ihrer Entfernung venezianische Investitionen uninteressant erscheinen. Allerdings ist der Bautypus nur zum Teil von der lombardischen Kultur geprägt und zeigt durchaus seine eigene Unabhängigkeit und Lebendigkeit.

In vielen Orten im Hinterland von Salò treffen wir auf Anlagen aus dem 15. Jahrhundert, die sich oft nach dem im Veneto so beliebten Schema von Portikus und Loggia entwickelt haben, wie etwa das Haus der Familie Buzzoni in Carzago, das »Il Convento«, das Kloster, genannt wird, und das frühere Haus der Familie Visentini in Muscoline.

Ein Beispiel aus neuerer Zeit ist das interessante fruhere Haus der Familie Alberghini in Gavardo, am Eingang ins Sabbiatal, wo auch die Villa Bianchinelli, später Dalla Via, aus dem 16. Jahrhundert steht. Das schöne Bauwerk in der Ortschaft Monteaiuto in Valtenesi weist dagegen wieder Wachttürme auf. Ein weiteres Kunstwerk, etwa von Ende des 15. Jahrhunderts, ist die Villa Belgioioso, später Bagasacchi, am äußersten Ende der Landzunge von Manerba. Auffallend sind die Fensterleibungen und die wahrscheinlich später hinzugefügten umlaufenden Laubengänge.

Die besondere Morphologie des Brescianer Ufers, das sich zwischen dem See und den Bergen erstreckt und dessen Hinterland landwirtschaftlich nur beschränkt nutzbar ist, ließ eine Klasse ortsansässiger Unternehmer entstehen (die mit wachsendem Vermögen in das bürgerliche Patriziat aufstiegen). Diesen gelang es, eine autonome Wirtschaft aufzubauen, die sich auf den Anbau von Zitrusfrüchten, Flachs sowie Oliven stützte. Zu ihnen gehörten die Bettoni in Limone (auf dem späteren Landgut Piantoni) und in Bogliaco sowie die Brunati in Cisano und in Maderno, Familien aus Salò, die bereits im 16. Jahrhundert die Hänge der Hügel terrassierten, um dort Zitronenbäume und Zedern anpflanzen zu können. Andererseits trug diese besondere landschaftliche Prägung des Ufers zur Festigung städtischer Zentren bei, die ihre eigenen wirtschaftlichen und kulturellen Merkmale aufwiesen.

Salò, die größte Stadt, war Sitz des Consiglio della Magnifica Patria, zu

dem sich Gemeinden von Pozzolengo bis Limone, die zum Teil auch im Sabbiatal lagen, zusammengeschlossen hatten. Sowohl unter den Visconti als auch während der langen venezianischen Herrschaft konnten sie sich einer gewissen Unabhängigkeit erfreuen.
Vom Aufstieg der wohlhabenden Klassen zeugen Häuser und Palazzi im alten Kern von Salò, wie die Casa Gritti aus dem 17. Jahrhundert in der Via Fantoni, die Casa Amadei in der Via Butturini, die Casa Cantoni in der Via Garibaldi und der schöne Palazzo aus dem 16. Jahrhundert mit vene-

Sirmione: Der Neptunbrunnen von Villa Cortine

zianischen Fenstern an der Piazza Zanelli. In der ländlichen Umgebung der Stadt gilt das Hauptinteresse der Villa delle Zette, die im 18. Jahrhundert von der Familie Olivari aus Venedig erbaut wurde und seit 1830 im Besitz der Familie Leonesio ist. Einzigartig ist auch der festungsartige Palazzo Pallavicini in Barbarano aus dem 16. Jahrhundert. Dieser kam später in den Besitz der Familie Martinengo und gehört heute den Grafen Terzi.

Die wirtschaftliche Situation Desenzanos, am Südufer des Sees, war dagegen vor allem mit dem Handel von Getreide verbunden, das auf den Feldern im Hinterland angebaut wurde. Dort gibt es drei große Landgüter: das Anwesen der Veroneser Familie Arrighi aus dem 16. Jahrhundert, das 1920 restauriert wurde, ein ehemaliges Gut der Brunati in Rivoltella, sowie den Landbesitz Maino in San Girolamo, heute Pellizzari, der zwar schön sehr alt ist, aber im 18./19. Jahrhundert grundlegend umgebaut wurde. Lonato, ein Ort in den Ausläufern der Moränenhügel zwischen dem See und der Ebene bei Brescia, bildete mit seiner Festung das Westtor zum Gardasee. Auffallend sind die vielen schönen Gebäude, darunter die sogenannte Casa de Podestà, eine Villa aus dem 15. Jahrhundert, die jedoch in diesem Jahrhundert von dem Historiker Ugo da Como stark verändert wurde, die Palazzi der Savoldi und der Orlandini aus dem 16. Jahrhundert und der Zambelli und der Papa aus dem 18. Jahrhundert.

Die im historischen Kern gelegene Villa Riva Gandolfini, heute Negri, ist eine barocke Anlage, die jedoch zu Beginn dieses Jahrhunderts renoviert wurde. Ein wegen zahlreicher herrschaftlicher Häuser besonders interessanter Ort ist das am mittleren Seeufer gelegene Hafenstädtchen Toscolano. Beherrscht wird es von den gewaltigen Mauern des Palazzo Fioravanti aus dem 16. Jahrhundert, der heute leider in Wohnungen aufgeteilt ist. In der Ende des 17. Jahrhunderts erbauten schönen Villa Camossi Zani, die ehemals im Besitz der Grafen Delai war, führt ein prunkvolles Portal in den Hof hinein. Die Gartenfassade des 1770 erbauten Palazzo Comboni schmückt ein dreieckiges Tympanon, und die Fresken und Stuckverzierungen in den prächtigen Räumen lassen den Übergang vom Barock zum Klassizismus deutlich erkennen.

Zu den bedeutendsten Gebäuden aus dem 17. Jahrhundert in der Region gehören in Limone die Casa Gherardi und die bereits genannte Villa Pian-

toni und in Moniga die Villa Bertanzi. Letztere hat im Erdgeschoß einen majestätischen Rustikaportikus im Stile der höfischen Brescianer Architektur jener Zeit. Sie gehört dem Historiker Pompeo Molmenti und war früher im Besitz der Familie Brunati, die auch Eigentümerin des schönen Hauses aus dem 17. Jahrhundert in Cisano di San Felice del Benaco war. Das Gebäude, das als stattlichstes Beispiel für ein prunkvolles Patrizierhaus am ganzen See gilt und das wohl auch zu den schönsten in der Provinz Brescia gehört, stammt jedoch aus dem 18. Jahrhundert. Es ist die prächtige Villa der Grafen Bettoni in Bogliaco, die um die Jahrhundertmitte von der wohlhaben den Fam il ie nach Plänen des Vero neser Architek-

Lonato: Villa Riva-Gandolfini

< Gardone Riviera: die Fassade von Villa Alba

ten Adri ano Cristofoli erbaut wurde. Der dazugehörige Garten wurde 1764 von Pierallini angelegt, der den Höhenunterschied zu dem dahinterliegenden Hugel geschickt nutzte. Um die Mitte des 19. Jahrhunderts setzt ein Umwandlungsprozeß der wirtschaftlichen Strukturen ein, in dessen Verlauf die Tradition des 17. und 18. Jahrhunderts durch Reisende und Tourismus verdrängt wird. Zwar ist es noch nicht der heutige Massentourismus, doch ist die Zahl der Reisenden schön groß, und das Brescianer Ufer wird mehr un d mehr zu ei nem der bel iebtesten Ziele von Deutschen und Öster-

Isola del Garda, von Süden gesehen, vor dem Umbau des Jahres 1900 (Foto: lotze)

reichern. Hauptanziehungspunkt ist Gardone Riviera. Das Brescianer Ufer wird somit zu einem der elegantesten Reiseziele der Belle Epoque, mit dem die anderen Zentren am See nicht konkurrieren können. Eine Ausnahme bilden Riva (das bis 1918 zu Österreich gehört) und Arco, das Riva in nichts nachsteht und darüber hinaus eine eigene Vergangenheit als Kurort aufweist. Das Thermalbad Sirmione wurde erst seit Anfang dieses Jahrhunderts besucht.

Die Wiederentdeckung des Gardasees als Urlaubsort fällt mit dem Wunsch

Sirmione: Die Grotten des Catull

des aufkommenden Mittelstandes nach neuen Lebensformen zusammen. In dieser Zeit entstehen Villen und Gärten, die nicht mehr mit der landwirtschaftlichen Nutzung der Landgüter in früherern Jahrhunderten verbunden sind und auch nichts mehr mit dem Glanz vergangener Zeiten gemein haben.

Überall werden Villen gebaut: in Gardone die Villa Polenghi, das heutige Hotel Fiordaliso, die Villa Breda, das heutige Hotel Valle del Sogno, die Villa Acquarone, eine Dependance des Hotel Montebaldo, die Villa Wimmer und die Villa Itolanda; in Maderno die Villa Bianchi, das heutige Hotel Golfo, und das Haus des Politikers Giuseppe Zanardelli; in Gargnano die Villa Bertolini und die Villa Paccagnella; in Sirmione die Villa Ansaldi.

Das stilistisch interessanteste Gebäude ist zweifellos die Villa Simonini in Salò, die 1905 erbaut und 1909 um einen Flügel erweitert wurde. In der Republik von Salò (1943-45) war sie Sitz des Außenministeriums. Heute beherbergt sie das Hotel Laurin. Aufgrund ihrer prachtvollen und vielfältigen Ornamente stellt sie eines der schönsten Jugenstilbauten am Brescianer Ufer dar. Aber es gibt dort auch viele neugotische Gebäude: Die Herzöge Ferrari aus Genua, die die Isola del Garda mit den Ruinen des alten Franziskanerklosters erworben hatten, beauftragten den Mailänder Architekten Luigi Rovelli mit dem Bau einer großen Villa, die an den spätgotischen Stil der Palazzi am Canale Grande erinnern sollte. Zur selben Zeit läßt die Familie Pellegrini in Desenzano eine getreue Nachbildung der Ca d'Oro von Venedig errichten.

Der neugotische Baustil scheint die Bauherren von jenseits der Alpen nicht zu interessieren. Sie geben der Klassik den Vorzug, die aus Sicht der deutschen Kultur besser zum mediterranen Flair der Orte paßt.

Baron von Koezeritz, Gesandter der Herzöge von Anhalt, läßt in Sirmione in wunderbarer Lage die Villa Cortine erbauen. Charakteristisches Merkmal dieses Gebäudes ist ein sechssäuliger Portikus, der eine Terrasse mit einer ebenfalls sechssäuligen Vorhalle trägt, die von einem großen dreieckigen Tympanon überspannt wird.

Der Bauunternehmer Richard Langensiepen ließ zwischen 1904 und 1920 ein prunkvolles Gebäude in Gardone Riviera errichten, das heute als Villa Alba bekannt ist. Ihr Stil ist griechisch die Loggia mit ionischen Säulen ist mit dem üblichen Giebel gekrönt, und davor befindet sich ein stufen-

förmiger Aufbau, in dessen Mitte sich ein Nymphäum mit Karyatiden öffnet. Von dem prächtigen Gebäude, zu dem auch ein Wintergarten gehört, gelangt man über eine Brücke in den Gärten am See, mit Hafenbecken und Turm, und zu einem Wirtschaftsgebäude aus dem 17. Jahrhundert, das seinen alten Namen Ruhland, »Land der Ruhe«, behalten hat. Hafenbecken und Turm wurden später von Gabriele D'Annunzio erworben. Die Villa Ruhland ging auf die Grafen Turati aus Mailand über, als der Besitz Langensiepens aufgeteilt wurde. Die reiche und gebildete deutsche Kolonie verhalf zwar dem ganzen Brescianer Ufer zu einem unvergleichlichen Aufschwung, der bevorzugte Ort war jedoch Gardone. Unmittelbar oberhalb von Gardone bietet die einzigartige Villa Erica ein außergewöhnliches Panorama. Sie ist ein typisches Landhaus, das 1902 mit Holz aus den Tlroler Alpen gebaut und mit Schnitzereien verziert wurde.

Isola del Garda (Foto: Lotze. Teilansicht)

Nicht vergessen werden dürfen bekannte Persönlichkeiten wie der Kunsthistoriker Heinrich Thode, der während seiner Aufenthalte lieber in einem alten Gardaseehaus wohnte, in der Villa Cargnacco, die den Kern des Vittoriale degli Italiani bildete.
Der Ausbruch des Ersten Weltkriegs und der Eintritt Italiens in den Krieg bedeutete das tragische Ende dieser glücklichen Zeit. Aufgrund des Dekrets von 1918, das die Beschlagnahme aller Güter verfügte, die Bürgern aus Ländern gehörten, die mit Italien Krieg führten, wurden all diese Gebäude auf dem Immobilienmarkt angeboten. Das machte sich Gabriele D'Annunzio zunutze, der 1921 von der Finanzbehörde in Brescia den beschlagnahmten Besitz des Kunsthistorikers Thode mietete.
Die Anwesenheit des Dichters und Kriegers bringt dem Westufer nach der Einstellung der Kämpfe sein hohes Ansehen zurück. Das »Heiligtum«

Isola del Garda heute

des Vittoriale, das dem Dichter nicht nur als Wohnstätte diente, sondern auch ein Ort voll von Erinnerungsstücken und D'Annunzios Mausoleum werden sollte, wurde bis in die fünfziger Jahre hinein ständig erweitert und umgebaut, also bis zum Tode Giancarlo Maronis, des Architekten, der mit den Bauarbeiten und dann mit dem Erhalt der Anlage beauftragt worden war. Andere versuchten D'Annunzio nachzueifern, und so entstanden weitere stattliche Wohnsitze mit beziehungsreichen Elementen, wie die Burg von Morgnaga, heute Cervati, die zwar erst 1925 fertiggestellt wurde, mit deren Bau aber schön lange zuvor vom Ehepaar Galassini aus Brescia, den Eigentümern und Bauherren des Anwesens, begonnen worden war. Das Wohngebäude selbst ist nicht besonders groß, doch sind es die überschwenglichen Dekorationen und Details, die die Aufmerksamkeit auf sich ziehen und sich auch auf den terrassenförmig angelegten Gärten übertragen. Einzigartig ist auch Gargnano, dessen architektonische und städtebauliche Entwicklung in den Jahren um die Jahrhundertwende mit den Feltrinelli verbunden ist, einer ortsansässigen Unternehmerfamilie, die mehrere Jahrzehnte lang eine führende Rolle in Kreisen des industriellen Hochadels Italiens spielte. In Gargnano entstehen drei Wohngebäude, die den Anforderungen des neuen gesellschaftlichen Status einiger Mitglieder dieser Familie gerecht werden sollen.
Es sind dies der Palazzo Feltrinelli, auch als Villa delle Orsoline bekannt der Ende des 19. Jahrhunderts im historistischen Stil mit Anklängen an die Renaissance erbaút wurde und seit 1954 Sitz der Universität ist; die zur selben Zeit errichtete Villa Larghi-Feltrinelli; schließlich die Villa San Faustino (seit 1980 im Besitz einer Immobiliengesellschaft), die von einem parkartigen, ausgedehnten Landgut mit Wirtschaftsgebäuden und einem Hafenbecken umgeben ist und die das interessanteste Bauwerk darstellt. Obgleich die Villa Ende des 19. Jahrhunderts erbaut wurde enthält sie Elemente des Tudorstils. Auffallend waren die Fialen und ein achteckiges Belvedere, die jedoch im Zweiten Weltkrieg aus Sicherheitsgründen abgerissen wurden, als das Gebäude während der Republik von Salò Wohnsitz Benito Mussolinis und seiner Familie wurde.

Rechts: Maderno: Villa Zanardelli >

19 – Villa Cortine
Sirmione

Als Baron Kurt von Koezeritz 1860 zum ersten Mal nach Sirmione kam, muß es Liebe auf den ersten Blick gewesen sein. Er erwarb den Cortine-Hügel, der die römischen Ruinen der sogenannten Villa des Catull überragt und dem Betrachter ein wunderschönes Panorama bietet, das vom Veroneser bis zum Brescianer Ufer reicht. Auf dem Gipfel dieses Hugels läßt er eine Villa im klassizistischen Stil erbauen, mit einem sechssäuligen Portikus und einer sechssauligen Loggia, deren Abschluß ein gewaltiges dreieckiges Tympanon bildet. Die Verwendung von rosa Stein an den rauhen Außenwänden läßt das Gebäude gewaltig und farbenfroh erschei-

nen. Die herrliche Dekoration der Empfangsräume, die Hinweise auf Catull und zahlreiche pompejanische Elemente enthält, entspricht dem historistischen Stil jener Zeit. Nach dem Ersten Weltkrieg ging der Landsitz an den Industriellen Giuseppe Donagemma über. Dieser ließ den Park neu anlegen und mit den verschiedensten Blumen, Sträuchern und Bäumen bepflanzen und mehrere Springbrunnen bauen, darunter den herrlichen Neptunbrunnen an der Zufahrtsallee sowie den Narziß-, Delphin-, Leda- und Monte Baldo-Brunnen. Letzterer ist deutlich vom *Appennino*-Brunnen Giambolognas inspiriert, der sich in der Mediceer Villa Pratolino befindet. Die Anlage wurde später an die Florentiner Familie Galletti di Sant'lppolito verkauft und schließlich an die gegenwärtigen Besitzer, die Familie Ghidini aus Brescia.

20 – Villa Brunati Bertanzi

Moniga del Garda

Die ehemalige Villa Brunati und heutige Villa Bertanzi, die in der Ortschaft Moniga liegt, ist ein solides Bauwerk in Form eines Parallelepipeds. Von der Straße aus gelangt man durch ein bogenförmiges Rustikaportal in den Hof. Die lange Fassade der Villa ist im Erdgeschoß von einem eindrucksvollen Portikus beherrscht, dessen Bögen von Pfeilern mit quadratischem Querschnitt getragen werden. Die Hausteine der Pfeiler setzen sich an den Außenmauern bis zum Gurtgesims im ersten Stock fort; sie wurden auch an Kanten und Fensterrahmen verwendet. Im 17. Jahr-

hundert, als diese Villa erbaut wurde, ist der Typus der Portikusvilla in der Brescianer Region häufig anzutreffen.
Vor der kurzen Fassade zum Gärten hin liegt eine Terrasse, deren Balustrade in der Mitte von einer Freitreppe unterbrochen wird. Besonders schön sind die Freitreppe und einige Räume mit Gewölben im Erdgeschoß, deren Dekoration den Geschmack des venezianischen Historikers erkennen lassen, zum Beispiel die Lunetten des Portikus, die von Künstlern des 19. Jahrhunderts, wie Ettore Tlto, Alessandro Milesi oder Domenico Morelli, freskiert wurden.

IGNIS NON EXTINGUITUR

21 – Castello di Drugolo
Lonato

Das sehr weitläufige und inmitten einer herrlichen Landschaft gelegene Besitztum Drugolo, das von dem gewaltigen Bau der Burg überragt wird, kam 1436 in den Besitz der Grafen Averoldi aus Brescia. Bis Ende des 14. Jahrhunderts hatte es wahrscheinlich der Familie Griffi gehört und war dann an Pandolfo Malatesta und anschließend an die Vimercati, eine einflußreiche Feudalfamilie aus Mailand, übergegangen.
Um die Verdienste der Averoldi in den Auseinandersetzungen der Republik Venedig zu würdigen, befreite sie der Doge Francesco Foscari mit dem Dogenerlaß von 1452 von Abgaben für Drugolo und die angrenzenden Besitztümer. Das heutige Aussehen der bewohnten Burg sowie die Höfe und Wirtschaftsgebäude sind der Familie Averoldi zu verdanken. Im Laufe der Jahre wurde das Anwesen durch Erbschaft mehrfach aufgeteilt; es wurde aber immer wieder zu einem einheitlichen Besitz zusammengefügt. Die Averoldi wohnten bis 1935 in Drugolo. In jenem Jahr ging der Landsitz auf die Barone Lanni della Quara über, die das Innere des Bauwerks einer langwierigen und umfangreichen Renovierung unterzogen.
Die Burg liegt erhöht inmitten eines ausgedehnten umzäunten Obstgartens, der von zwei Taubentürmen überwacht wird. Das viereckige Gebäude ist im Süden von Olivenbäumen und im Norden von großen Roßkastanien umgeben. Die breite Mauerböschung des Festungsgrabens und die Türme mit überdachtem Zinnenkranz und Falltüren charakterisieren den Bau, der von hohen, zum Teil ausgefachten Schwalbenschwanzzinnen gekrönt ist. Über eine Zugbrucke gelangt man in den Ehrenhof der Burg. Bogenfenster im ersten Stock und viereckige Fenster in den übrigen Stockwerken gliedern die großflächigen Fassaden. Das Wappen der Averoldi war ursprünglich auf die Fensterbänke gemeißelt. Unter den Wappen, die bei Restaurierungsarbeiten in diesem Jahrhundert neu eingesetzt wurden, ist auch das der Barone Lanni della Quara.

22 – Villa Cavazza

Isola del Garda, San Felice del Benaco

Die längliche Insel ist die größte des Sees. Sie liegt fast genau in der Mitte zwischen der Bucht von Salò und der von San Felice.
Bereits im Altertum war die Insel bewohnt. Später kam sie in den Besitz der Abtei San Zeno in Verona und wurde dann eine Einsiedelei von Minoriten. Dante und der hl. Bernhardin von Siena (1380-1444) waren hier zu Gast. Infolge der Säkularisation der Kirchengüter durch Napoleon ging die Insel in den Besitz des Grafen Luigi Lechi di Brescia über, der die Überreste des Klosters restaurierte und in ein Wohnhaus umwandelte. Nachdem seine Besitzer mehrmals gewechselt hatten, wurde das Anwesen schließlich von Herzog Gaetano de Ferrari aus Genua erworben. Dieser ließ die Gebäude renovieren, den dichten Park neu bepflanzen und die

Villa, wie sie sich heute präsentiert, zwischen 1900 und 1903 nach Plänen des Mailänder Architekten Luigi Rovelli in einem Stil errichten, der deutlich an die gotischen Palazzi von Venedig erinnert. Der romantische Park mit Kanälen und kleinen Brücken wurde in einen streng geometrisch gehaltenen Gärten umgestaltet, der mit Terrassierungen, künstlichen Grotten und Überresten früherer Gebäude den Palazzo umgibt. Die Villa besteht aus einem langen rechteckigen Baukörper, der an der Südseite über ein Stockwerk hoch und an einen großen Turm mit quadratischem Grundriß gelehnt ist. Seine Fassade ist von einem massigen Portikus im Erdgeschoß und von großen Mehrbogenfenstern im oberen Teil durchbrochen. Interessant sind die Reliefdekorationen, die a`us Zement modelliert wurden. Die Villa ging durch Erbe zunächst auf die Fürstenfamilie Borghese aus Rom und dann auf die Grafen Cavazza aus Bologna über, deren ständiger Wohnsitz sie heute ist.

23 – Villa Leonesio

Salò

Wenn man über die Straße, die von Cunettone kommt, nach Salò hinunter, quer durch die grunen Hügel, die die Bucht umrahmen, und schließlich an der glitzernden Wasserfläche des Gardasees entlangfährt, stößt man schließlich auf die Villa Leonesio.

Ein Torbogen führt in den Hof hinein. Hier taucht zwischen dem kräftigen Grün der Magnolien die Südfassade des herrschaftlichen Landsitzes auf. Der mittlere Baukörper, der im Verhältnis zu den beiden Seitenflügeln nach hinten versetzt ist, zeigt eine vollkommen symmetrische Anlage von Fenstern und Türen. Es fehlt ein zentrales Element, das wir statt dessen im Innern finden. Ein Salon mit einer Bogendecke und barocken Dekorationen entspricht der Raumaufteilung im ersten Stock.

Flache Steinpfosten bilden die Tür- und Fensterrahmen. Auffallend sind die vorgewölbten schmiedeeisernen Balkongitter vor den Fenstern im obersten Stock.

Die Seefassade, von der aus man einen wunderbaren Ausblick hat, ist aufgrund der Neigung des Geländes ein Stockwerk höher als die gegenüberliegende Fassade. Die schön geformten Geländer der teilweise etwas vorstehenden Balkone beleben die große Fläche.

Die Villa wurde Anfang des 18. Jahrhunderts von der Familie Olivari aus Venedig erbaut, der 1830 die Familie Leonesio, die heutige Besitzerin der Anlage, folgte.

Ritratto dell'avvocato Paolo Leonesio >

24 – Villa Isabella

Salò

Nachdem Roberto Simonini als reicher Mann aus Südamerika zurückgekehrt war, beschließt er 1905, eine Villa im historistischen Stil zu bauen, die er nach seiner Frau Isabella benennt. Mit diesem Bau möchte er die Einwohner von Salò an seinem neuen Reichtum teilhaben lassen.
Mit der Planung betraut er Ulisse Stacchini, einen Architekten aus Florenz, der seinen Ruhm dem monumentalen Hauptbahnhof in Mailand verdankt. Das Skelett des Gebäudes mit strengen architektonischen Linien, das 1909 um einen Seitenflügel für den Festsaal erweitert wurde, besteht aus Eisenbeton, einem damals neuartigen Baustoff.

Vor allem der große Salon beeindruckt durch seine gewaltigen Proportionen und zahlreichen Ornamente. Er ist vom Billardzimmer durch zwei Säulen aus rotem Veroneser Marmor mit korinthischem Kapitell getrennt. Das hohe allegorische Fries mit Aktbildern von Frauen und Mädchen wurde 1911 von Cesare Bertolotti gemalt, während die *Allegoria della Riviera*, die einen anderen Raum schmückt, von Angelo Landi stammt. Von den alten Einrichtungsgegenständen verdienen vor allem die wunderschönen Leuchter aus Metall Beachtung. 1960 wurde die Villa zum Hotel Laurin umgewandelt.

25 – Palazzo Terzi

Barbarano di Salò

Die ungewöhnlich faszinierende Anlage besteht aus zwei langen Gebäuden, die zu verschiedenen Zeiten parallel zum Ufer und mit unterschiedlicher Tefe erbaut wurden. Sie werden von zwei kurzen Flügeln zum See hin belebt und von einem Wachtturm überragt.
Das am Gardasee in seiner Art einzigartige Beispiel einer bewohnten Festung aus dem 16. Jahrhundert ist von Scharwachttürmen an der Straßenfassade, von einem Dachgesims mit hohen Konsolen, die Falltüren gleichen, und von Eisengittern vor den Fenstern gekennzeichnet. Die Außenfassaden sind mit Graffitomalereien verziert, die Hausteine vortäuschen und die Villa streng erscheinen lassen. In dem Palazzo, der im Auftrag des Marchese Sforza Pallavicino, Herr von Cortemaggiore und Kondottiere der Republik Venedig, erbaut wurde, war 1585 Herzog Paolo Giordano Orsini mit der schönen Vittoria Accoramboni zu Gast.
Nachdem er seine Ehefrau Isabella de' Medici hatte erdrosseln lassen und Francesco Peretti, der Ehemann seiner Geliebten und Neffe von Papst Sixtus V., in seinem Auftrag ermordet worden war, fluchtete sich der Herzog hierher, um der Rache des Papstes zu entgehen. Die Tragödie endete mit dem Tod des Herzogs in Barbarano, wo er sich selbst vergiftete, und mit der anschließenden Ermordung der Accoramboni, die von Meuchelmördern in Padua, wohin sie sich geflüchtet hatte, entdeckt wurde.
Im Innern des Palazzo sind vor allem einige Kassettendecken interessant. Beachtung verdienen auch der Gärten zum See hin mit einem Springbrunnen, der von einer Balustrade und einer Statue der Jagdgöttin Diana umgeben ist, und der Gärten zum Berg hin, der von der Villa durch die Gardesana occidentale getrennt ist und in dem ebenfalls ein großer Springbrunnen mit einer Balustrade und Statuen steht. Nachdem die Villa um die Mitte des 17. Jahrhunderts von der Familie Martiningo Cesaresco erworben worden war, ging sie durch Erbschaft auf die Grafen Terzi, die heutigen Besitzer, über.

26 – Villa Ruhland

Gardone Riviera

Bevor sie beschlagnahmt, verkauft und infolge des Dekrets von 1918 aufgeteilt wurde, bestand diese Anlage aus einem malerischen Park, in dem drei Bauten ins Auge fielen: ein Wachtturm am Hafenbecken, ein Pavillon zum See hin und ein Wirtschaftsgebäude.
All dies gehörte zur Villa Alba (die über eine Brucke zu erreichen war), einem prachtvollen Bauwerk, das der deutsche Bauunternehmer Richard Langensiepen zwischen 1905 und 1910 im neoklassizistischen Stil erbaute. Nach der Enteignung 1918 ging die Villa Alba in den Besitz der Familie Saffa und dann an die Gemeinde Gardone über, der sie noch immer gehört. Der Turm am Hafenbecken wurde von Gabriele D'Annunzio erworben, der ihn im mittelalterlichen Stil restaurierte und ihm den Namen Torre di San Marco gab. In das Hafenbecken legte er das Torpedoschnellboot, das er in Buccari eingesetzt hatte.
Das Wirtschaftsgebaude, ein großer Teil des Gartens und der Pavillon wurden vom Grafen Emilio Turati aus Mailand übernommen, dessen Nachfahren sie noch heute gehören. Diese haben die Villa Ruhland, das älteste Gebäude der Anlage, restaurieren und erschließen lassen. Es handelt sich um einen Bau aus dem 17. Jahrhundert, wie die drei großen gewölbten Räume im Erdgeschoß deutlich zeigen, die mit den für den Beginn jenes Jahrhunderts typischen Farben und Verzierungen übermalt wurden.
Das herausragende Element an der Außenfassade ist ein Portikus und eine geschlossene Loggia. Im Park, der vom Seewasser umspült wird, kann man außer dem Pavillon einen einzigartigen Kampferbaum bewundern, der wegen seines Stammes und seiner Krone zu den schönsten seiner Art in ganz Norditalien zählt.

27 – Villa di Cargnacco

Gardone Riviera

Ebenso wie die Gebäude und Höfe, die Gärten, Denkmäler und Symbole ist auch das Vittoriale aus den Arbeiten hervorgegangen, die sich bis in die funfziger Jahre hinzogen. Es wirkt wie ein zitadellenartiges Mausoleum für eine der bedeutendsten Persönlichkeiten der italienischen Geschichte in der ersten Hälfte dieses Jahrhunderts: Gabriele D'Annunzio.
Die Verehrung dieses Mannes geht einher mit der Verherrlichung einer Epoche, in der das Vittoriale, oder die Villa Cargnacco, zum Sinnbild des Hauses eines Künstlers und Gelehrten wird.
Bevor die Prioria, die eigentliche Wohnstätte, in den Besitz des Dichters und Kriegers kam, war sie das Haus Heinrich Thodes, eines bekannten Kunsthistorikers, des Ehemanns der Daniela Senta von Bülow, Tochter der Cosima Liszt. Wie viele Landhäuser an diesem Ufer des Sees gehörte die Villa einem der vielen Bewohner der großen Kolonie deutscher und öster-

reichischer Staatsbürger, die am Gardasee ihre Ferienhäuser hatten und, als Folge des Kriegseintritts Italiens gegen die Mittelmächte, 1918 enteignet wurden. Anfangs mietete D'Annunzio das Haus. 1921 kaufte er es schließlich und machte es zu seinem festen Wohnsitz. Er begann, das Gebäude nach einem Programm zu renovieren und auszuschmücken, dessen überschwengliche Symbole seiner eigenen Phantasie entsprungen waren.
Es genügt, die Namen der Gebäude, Denkmäler und Räume zu nennen, die nach und nach in Cargnacco errichtet und durch den Erwerb angrenzender Güter ergänzt wurden: Zimmer des Aussätzigen, Dalmatinisches Oratorium, Schreibzimmer des Verkrüppelten, Arbeitszimmer, Zimmer der Cheli. D'Annunzios Phantasie scheint unerschöpflich gewesen zu sein.
Es war der Architekt Giancarlo Maroni aus Riva del Garda, dem es gelang, die »Visionen« des Dichters in der architektonischen Umsetzung zu deuten. Guido Marussig, Guido Cadorin und Napoleone Martinuzzi gehören zu den Kænstlern, die am Vittoriale gearbeitet haben.

RI VI E
FO NTI
BE NE
DI TE
IL
SI GNO
RE
FIO RI
E
FO GLIE
BE NE
DI TE
IL
SI GNO
RE

28 – Villa Fiordaliso

Gardone Riviera

Die Villa Fiordaliso wurde in einer Zeit erbaut, als sich das Brescianer Ufer, nicht zuletzt dank der Anwesenheit Gabriele D'Annunzios, unter den Sommerfrischlern großer Beliebtheit erfreute. Besonders beeindruckend an dieser Villa sind ihre rosa Außenfassaden .

Die Grafen Polenghi aus Mailand wünschten ein Haus, das sich im Wasser des Sees spiegeln und zu dem kräftigen Grün der üppigen Vegetation einen Kontrast bilden sollte, vor allem zu dem dunklen Grün der Zypressen, die den dahinterliegenden Hügel bedeckten.

Zwei breite Lisenen aus Stein begrenzen den leicht vorspringenden Mittelteil der Seefassade. Ein dreibogiges Fenster mit vorstehendem Balkon, über dem sich ein zweibogiges Fenster und eine Loggia mit drei Bögen im obersten Stock befinden, unterstreicht die vertikale Ausrichtung des Gebäudes.

Die Dekoration enthält, dem Mischstil der ersten Jahrzehnte diese Jahrhunderts entsprechend, Elemente aus einer architektonischen Sprache, die von der Renaissance bis zum Manierismus reicht.

Die herrlichen Details zeigen sich besonders im Innern des Gebäudes, vor allem an der Freitreppe, die mit Onyxplatten versehen ist, und in den Räumen im Erdgeschoß. In den Jahren der Republik von Salò logierte Claretta Petacci, die Geliebte Benito Mussolinis, in der Villa.

Nach einer umfassenden Restaurierung ist die Villa Fiordaliso heute ein kleines Hotel mit Restaurant.

29 – Castello di Morgnaga

Morgnaga, Gardone Riviera

Morgnaga liegt auf halber Höhe am Hang des Berges, der hinter Gardone Riviera aufragt. Seine beneidenswerte Lage war wohl ganz sicher ein Grund dafür, daß die Eheleute Glassini aus Brescia in der Zeit des Ersten Weltkriegs hier ihren Feriensitz errichteten. Wie das Datum zeigt, das in mehreren Räumen zu lesen ist, wurde die Anlage 1925 vollendet.
Es waren die Jahre, als Gabriele D'Annunzio seine ganze Aufmerksamkeit der Restaurierung und Erweiterung der benachbarten Villa Cargnacco schenkte.
Die Besitzer und Bauherren des Kastells schufen eine Villa von maßvoller Größe, die sich in zwei Baukörper gliedert und von einem terrassenförmig angelegten Garten umgeben ist. Auffallend ist vor allem die Vielfalt der dekorativen Elemente, die schön am schmiedeeisernen Eingangstor beginnen, das von einem weiten Vordach bedeckt ist.
Statuen, Vasen, Büsten und Springbrunnen in verschiedenen Stilen und aus unterschiedlichem Material schmucken den Garten. Noch beeindruckender sind die Dekorationen am Haus selbst. So reicht das Repertoire an den Außenfassaden von historistischen Zitaten mittelalterlicher und maurischer Provenienz bis zum Jugendstil. Für die Flächen im Innern wurden Holz, Stuck, Draperie, Glas und Malerei eingesetzt, und an der Freitreppe sind Marmorplatten zu sehen.
Die Villa, die zuvor der Familie Dubini aus Padua gehörte, ist seit 1972 im Besitz der Familie Cervati aus Brescia.

30 – Villa Bulgheroni

Maderno

Maderno erreichte in der Vergangenheit eine gewisse Bekanntheit, weil die Familie Gonzaga aus Mantua den Ort zu ihrem Sommersitz erwahlt hatte. Dort errichtete sie einen »alten Palazzo<<, einen »neuen Palazzo« nach Plänen des Hofbäumeisters Antonio Maria Viani und an den Berghangen die Villa Serraglio.

Von dem einstigen Landsitz ubriggeblieben sind heute nur noch die Erinnerung an den Prunk vergangener Zeiten und die Villa Bulgheroni, früher Brunati, die gewöhnlich als Gästehaus der Familie Gonzaga bezeichnet wird.

Das im Stil des 17. Jahrhunderts erbaute Gebäude ist durch eine zweirampige Treppe charakterisiert, die am Eingang im Erdgeschoß beginnt, über dem sich ein schmiedeciserner Balkon befindet.

Besonders schön ist die mit Tritonen und Wassernymphen bemalte Faszie unter dem Deckengesims, dessen Holztäfelung mit Rosetten und Amoretten verziert ist.

Die hohe, mit Kugeln gekrönte Mauer, die den Gärten umgibt, wird von einem gewaltigen Portal mit Rustikaquadern und einem Vordach unterbrochen, das von drei großen steinernen Zinnen überragt wird. Das strenge, ein wenig militärische Aussehen der Anlage wird von dem Scharwachtturm mit Schießscharten unterstrichen, der an der Ecke der Ringmauer steht und von dem aus man die Straße überwachen konnte.

In dem terrassenförmigen Gärten gibt es eine Freitreppe mit Balustraden und zahlreiche Statuen, Springbrunnen, Maskaronen und Kugeln. Beachtung verdienen die Überreste der großen Zitronengärten am Berghang, die auf fünf Terrassen angelegt sind.

Der Palazzo Brunati-Bulgheroni ist auch als Villa Lucia bekannt.

31–Palazzo Zani

Toscolano

Ein hohes barockes Rustikaportal, auf dessen Schlußstein ein Wappen zu sehen ist und das von einem Steingiebel mit Voluten und Vasen gekrönt ist, unterbricht die hohe Ringmauer des Palazzo der Familie Delai. Dieser Familie von Druckern und Waffenschmieden verlieh Kaiser Leopold I. den Titel Grafen des Heiligen Römischen Reiches. Ein Torbogen kennzeichnet den mittleren Teil. Daneben befinden sich zwei Fenster, auf die jeweils ein Portikus mit drei Bögen folgt. Auch an den Tür- und Fensterrahmen und an den Mauerkanten wurden Hausteine verwendet. Der breite Dachvorsprung schützt die Fassade, die im obersten Stock mit Fresken verziert ist, auf denen Putten und Obstkörbe dargestellt sind. Der große Ecksalon im ersten Stock nimmt auch das darüberliegende Stockwerk ein. Die Decke ist mit perspektivischen Quadraten mit Säulen und Voluten ver-

ziert, und auf einem Ornament in Form einer Schriftrolle ist das Datum 1689 zu erkennen. In der Mitte der Decke ist das Gemälde *L'Immacolata e l'Angelo* des venezianischen Malers Andrea Celesti zu sehen. Von diesem stammen auch die großen Leinwandbilder mit Szenen aus der Bibel, die die Wände des Salons schmückten und vor kurzem von einem Kreditinstitut in Brescia erworben wurden. Schön ist auch die Flucht der anderen drei Empfangsräume der Villa mit Dekorationen aus dem 18. Jahrhundert. Heute gehört die Villa der Familie Camossi-Zani, die sie restauriert und vollkommen neu eingerichtet hat.

32 – La Casa a Lago

Toscolano

Das Hafenstädtchen Toscolano liegt abseits der Gardesana occidentale und bleibt so den Augen des vorbeihastenden Reisenden verborgen. Bis heute hat es den Zauber einer Zeit bewahrt, der, wie es scheint, noch immer vom Haus der Familie Fioravanti aus dem 16. Jahrhundert, von der später erbauten Villa Zani und vom Palazzo Comboni ausgeht. Der Palazzo Comboni wurde 1770 vollendet, wie der Jahreszahl am Portal zu entnehmen ist. Bauherr war die Familie Comincioli aus Venedig. Sie zeichnete auch für die Auswahl der wunderschönen Dekoration des Gebäudes verantwortlich, vor allem der der Innenräume, die dem venezianischen Stil näherkommt als dem lombardischen.

Auffallend an dem rechteckigen Bau sind die starken Konsolen, die das Dachgesims stützen, und die Rustikaquader des bogenförmigen Portals an der Straßenfassade, die auch an den Kanten des Palazzo zu sehen sind. Die Gartenfassade zum See hin ist mit zahlreichen architektonischen Elementen geschmückt, darunter das dreieckige Tympanon, das den zeitgenössischen venezianischen Vorbildern gleicht und das sich in den Tympanons der Fenster wiederholt. Der Mittelteil der Fassade wird von drei Lisenen aus Stuck sowie von Pfeilern unterbrochen, auf denen der Balustradenbalkon im ersten Stock ruht.

Vom Atrium aus führt eine mittelgroße Freitreppe zur Zimmerflucht im ersten Stock. Die Freskenmalereien an Wänden und Decken sind deutlich von Rokoko und Klassizismus beeinflußt. Im 19. Jahrhundert gehörte der Palazzo der Baronin Zakrescki aus Odessa und später der Familie Fiorini. Diese vererbte ihn an die Familie Comboni, die noch immer dort wohnt.

33 – Villa Feltrinelli

Gargnano

Zu den wichtigsten Figuren des italienischen Kapitalismus gegen Ende des 19. Jahrhunderts zählten zweifellos auch die Mitglieder der aus Gargnano stammenden Familie Feltrinelli. Immer wieder wurde sie auch in ihrem Geburtsort aktiv, sei es mit Werken philanthropischer und caritativer Natur, wie Heime, Hospize und Krankenhäuser, oder mit dem Bau von Wohnhäusern, mit denen die Bedürfnisse der verschiedenen Zweige der Familie und die Verpflichtungen ihres gesellschaftlichen Status befriedigt werden sollten.

Die palazzoartige Villa, die im Norden der Ortschaft liegt, wurde zwischen 1898 und 1899 im Auftrag Angelo Feltrinellis vom Mailänder Architekten Francesco Solmi errichtet. Dieser war zur gleichen Zeit mit dem Bau des Friedhofes in Gargnago betraut, der ebenfalls von den Feltrinelli finanziert wurde. Bei der Villa handelt es sich um ein durchaus stattliches Bauwerk mit quadratischem Grundriß. Den Eingang an der Straßenfassade bildet eine Vorhalle mit ionischen Säulen, der an der Seefassade ein vorspringender Mittelteil in Form einer Loggia gegenübersteht.
Die Dekoration ließ der Architekt Solmi überwiegend im Renaissancestil ausführen, was vor allem an den vorspringenden Fenstern im ersten Stock deutlich wird.
Auffallend ist das Dach mit Dachvorsprung. Das Atrium in der Mitte des ersten Stocks wird von einem großen Leuchter erhellt und ist mit Gemälden, die die Brüder Berretta im pompejanischen Stil gemalt haben, geschmückt. Erwähnung verdient auch die Marmortreppe.
Giuseppe und Chiara Feltrinelli schenkten die Villa 1949 der Mailänder Universität.

34 –Villa Feltrinelli

San Faustino, Gargnano

Obwohl das nördlich von Gargnano gelegene Landgut San Faustino schön seit langer Zeit im Besitz der Familie Feltrinelli war, entschloß sich die Familie erst gegen Ende des vorigen Jahrhunderts, eine Villa am See mit einem Hafenbecken und Wirtschaftsgebäuden zu errichten und einen malerischen Park anzulegen.
Mit der Planung beauftragten sie den Mailänder Architekten Alberico di Belgioioso, der einen historistischen Bau mit Elementen des englischen Tudorstils entwarf.
Das Belvedere und der Fialenkranz wurden leider aus Sicherheitsgründen in den Jahren der Republik von Salò abgerissen, als Benito Mussolini und dessen Familie in der Villa wohnten.
Im Innern wurde sehr viel Holz verwendet, das zu jener Zeit das Hauptprodukt der industriellen und kaufmännischen Aktivitäten der Feltrinelli darstellte.
Nach dem Tod des Verlegers Giangiacomo wurde das Anwesen 1980 an eine Immobiliengesellschaft verkauft.

35 – Villa Bettoni

Bogliaco

Für die Vereinigung von Gebirge und See, Architektur und Natur, Traditi on und Stil läßt sich wohl kaum ein besseres Beispiel finden als die Villa Bettoni in Bogliaco. Vor dem wirtschaftlichen und gesellschaftlichen Hintergrund des 18. Jahrhunderts ist sie eine gelungene Selbstdarstellung und Symbolisierung des Vermögens der Familie Bettoni, ein greifbares Zeugnis der brüderlichen Eintracht der Grafen Bettoni, die es verstanden haben, ein derartiges kulturelles Erbe über die Jahrhunderte hinweg zu bewahren. Der Entwurf der Villa stammt von Adriano Cristofoli aus Verona. Dieser wurde um 1750 beauftragt, ein vorhandenes Landhaus zu erweitern, das zwar nicht sehr groß war, in dem es aber bereits einen ansehnlichen Empfangsraum gab, den große Gemälde des Venezianers Andrea Celesti schmückten.

Cristofoli schlug einen langen rechteckigen Bau mit drei Stockwerken vor. Der mittlere Teil sollte um ein Stockwerk höher und mit Balustraden aus Marmor sowie Statuen, Vasen und Giebeln bekrönt sein.
Die beiden Fronten sind praktisch identisch, und nur die schlichten Doppelsäulen im Erdgeschoß lassen die Fassade zur Straße hin monumentaler wirken. Der weitläufige französische Garten wird vom See umspült und von den beiden kurzen Flügeln der Terrassen umrahmt. Diese verbinden den Palazzo an der Rückseite über eine Brücke mit dem perspektivischen Gärten am Fuße des Hügels eine Szene von außergewöhnlich theatralischer Wirkung, die die Anlage gleichzeitig kleiner und größer erscheinen läßt. Die großartige halbkreisförmige Perspektive mit Treppen, Nischen und Statuen beruht auf den Vorstellungen Amerigo Vincenzo Pierallinis um 1764, die ihren Höhepunkt in einem nie verwirklichten Pavillon fanden. Die schönen barocken Fresken im Hauptsalon, die von Bernardino und Fabrizio Galliari ausgeführt wurden, tragen zur Pracht der Villa bei.

Ausgeuvälhlte Literatur

IL LAGO di Garda: Atti del congresso internazionale dell'Ateneo di Salò. Vicenza 1965.
B. PASSAMANI: Le ville del Trentino. Trient 1965.
G.F. VIVIANI (hrsg.): La villa nel veronese. Verona 1975.
C. ORADINI (hrsg.): Der Kurort. Il mito della città di cura.Venedig 1980.
G. RILL: Storia dei conti d'Arco, 1487-1614. Rom 1982.
F. LECHI: Le Dimore Bresciane in cinque secoli di storia. Brescia 1983.
G. PEROGALLI, M.G. SANDRI, V. ZANELLA: Ville della provincia di Brescia. Mailand 1985.
GOETHE: Il viaggio in Italia e i grandi traduttori del Garda trentino. Moncalieri 1986.
M. BOTTERI (hrsg.): L'Ottocento di Andrea Maffei. Trient 1987.
GOETHE e l'Italia: Mailand 1989.
V. TENAROLI: La grande decorazione. Brescia 1990.
R. TURRINI: »Il Palazzo di Nicolò d'Arco, o del Termine, o della Lega«, in: Il Sommolago, VIII/3, 1991.
ATLANTE del Garda uomini, vicende, paesi. Brescia 1992.
M. GRAZIOLI: Arco Felix da borgo rurale a città di cura mitteleuropea. Brescia 1993.
A. ANDREOLI: Il Vittoriale. Mailand 1993.
F. IRACE (hrsg.): L'architetto del lago. Mailand 1993.
L. DAL PRÀ (hrsg.): »Riva del Garda e i Madruzzo«, in I Madruzzo e l'Europa 1539-1658
I PRINCIPI vescovi di Trento ta Papato e Impero. Mailand 1993.